地 大地 大地 大地 大地 大地 大地 大地 大地 大地

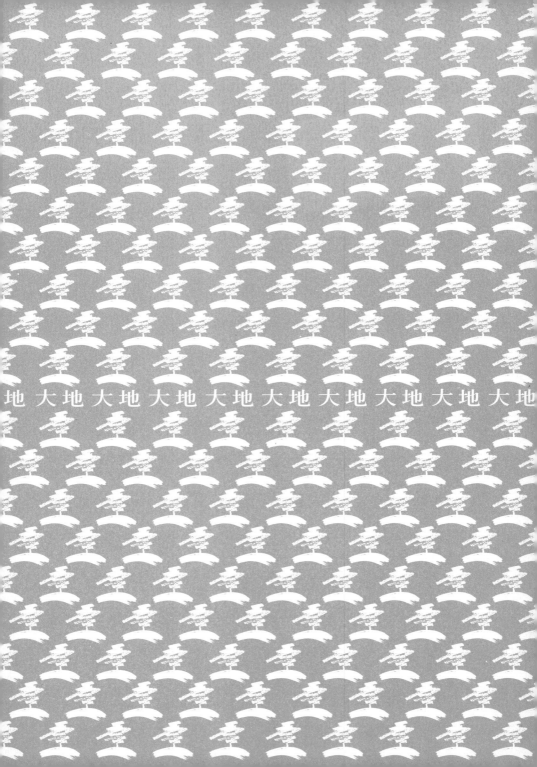

大地 大地 大地 大地 大地 大地 大地 大地 大地 大

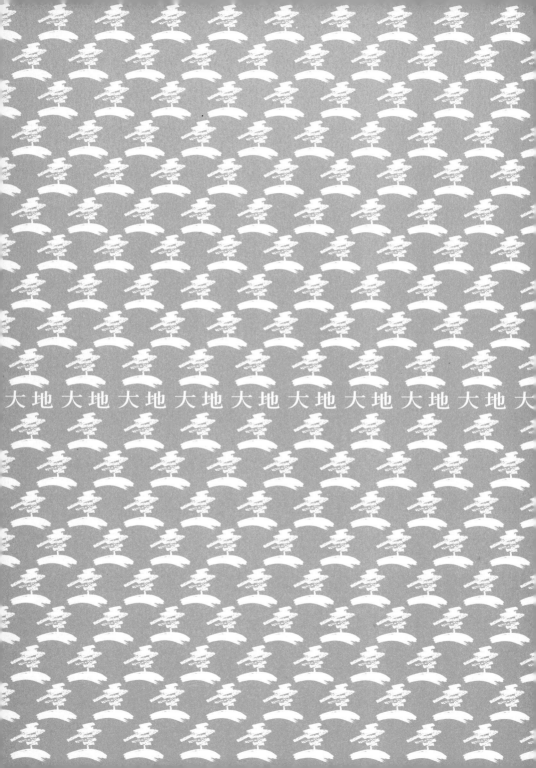

教育叢書06

做個內行媽媽

嶺 月◎著

目錄

目錄

目錄

自序

養育幼兒是一件很辛苦的事，因為每個幼兒在成長過程當中，或多或少總會發生一些使媽媽著急或頭痛的偏差行為；例如吃手指、咬指甲、愛哭、愛打人，或是偷錢、撒謊等等。著急的媽媽問孩子也問不出原因來，罵更沒用，因為幼兒沒有充分表達心意的語言能力，也不知道自己為甚麼要吃手指、咬指甲呢。

也許著急的媽媽會想到請教專家或有經驗的人，但是專家和有經驗的人所能告訴你的，只有推測和假設的原因，所以他們的建議，不一定完全能適合你的孩子。如果媽媽本身具備基本的幼兒心理學常識，就可以自己觀察、自己分析，正確地找出孩子發生偏差的真正原因。因為媽媽每天跟孩子生活在一起，孩子從降生的那一刻開始，就在自己的眼前一天一天地長大，誰會比媽媽更清楚自己的孩子呢？

筆者自己養育過三個孩子，現在孩子都已經長大成人，而且身心都健康沒甚麼毛病，這是我最感到欣慰的。回想他們幼小的時候，我照顧他們實在非常專心也很細心，不但隨時請教有經驗的長輩，也認真地看了不少有關養育幼兒的書；所以現在有人問我幼兒的問題，我也能像個內行人，立即說出一大堆所謂的「經驗談」了。

不過我的經驗談是沒有系統的。我一直希望能介紹媽媽們看一些完整而有系統的幼兒心理學叢書。最近剛好看到日本一位心理學教授深谷和子女士發表的「幼兒的深層心理學講座」系列文章，我便決定參照著這份資料，一邊加入自己的想法，把我多年來的經驗和心得，跟專家的理論結合起來，希望能以紙上談天的輕鬆筆調，告訴媽媽們一些養育幼兒的方法和技巧，因此取了「做個內行的媽媽」這一個題名，開始在國語日報家庭版發表。

沒想到連載推出沒多久，就接到馮主編的電話，說反應奇好，很多讀者探問甚麼時候出書，如果不出書，他們就要每天剪報存留起來。我聽了當然很興奮，本來預定一兩個月才能寫完的稿子，不到一個月就全部趕完。而更叫我高興的是大地出版社姚社長，一口答應幫我出單行本。我忙著整理連載剪報，這才發現我應該補寫一章「做個會編故事的媽媽」。因為幼兒沒有不愛聽故事的，利用故事感化孩子，是最有效的教育方法。尤其孩子犯錯或心理不平衡的時候，講一則影射性的輕鬆笑話，或溫馨感人的故事給他聽，要比直接的訓誡、規勸或安慰，委婉而不傷孩子的自尊，孩子自然很容易接受。因此從我過去發表過的兒童讀物舊作裡，選出幾篇可以充當心理治療用的有趣童話，一起編入書內給媽媽們參考。相信媽媽們看了當能了解，「故事」是可以依著需用，隨時動腦，隨口編造的。媽媽只要有童心，便能隨口編出永遠講不完的故事呢。

另外一章「做個盡責的媽媽」，是我平日寫方塊雜文時隨意寫的幾篇短文，也許我太愛孩子，常常忍不住要替孩子們說說話。我的感觸也許能給媽媽們一些警惕吧。

最後我要提醒媽媽們，不管是專家的理論，或是過來人的經驗談，都只能參考而不能當範本。因為世界上沒有完全一樣的兩個人，每個孩子都有不同的特質，真正能夠「因材施教」的，只有媽媽。媽媽需要自己觀察，自己思索，想出適合自己孩子的養育方法和智慧，每一位媽媽都可以當「媽媽」這一行的內行人。

嶺月

第一部

Mom & Baby

做個內行的媽媽

第一章 認識幼兒

透視幼兒的心

專家告訴我們，要了解幼兒的問題，可以從身體、心理和社會性三方面來觀察；不過這三者是互相關聯，互相影響的。例如尿床、頻尿、氣喘、風疹、容易發燒、容易瀉肚、腹痛、頭痛、噁心、口吃、吃手指頭、咬指甲、偏食、食量小、夜裡哭鬧、愛摸性器、抱毛毯不放等等，看來是身體上的問題，實際上，有很多是心理因素造成的（當然也有純屬先天體質的）。

又例如撒嬌纏人、容易發脾氣、愛哭、愛打人、不能忍耐、神經質、自卑、多疑、執拗、頑強、緊張等等，這樣的心理毛病，有時也會變成身體的不適，或變成社會適應問題而形成了「社會性」的毛病。

社會性差的孩子，往往怕生，不敢跟人講話，在幼稚園或學校上課的時候不敢舉手、容易受人欺負、膽怯、不隨和、自我中心、不聽話、不服從、不喜歡上學……。這一類令人頭疼的問題，都要父母用心思去探究原因，才能疏導、矯正。養育孩子需要有一雙能夠探視到幼兒內心深層的透視眼呢！

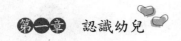

小嬰兒需要溫柔的媽媽

小嬰兒呱呱墜地，第一個遇見的人是媽媽，如果媽媽是溫柔、慈愛的，小嬰兒便認為世間是可愛而又安全的。小嬰兒從母親的肚子裡驟然降生到完全陌生的世界，身體和心理都難免受到一番驚嚇；但是仔細一留意，他便能感覺到陌生的世界正在歡迎他吶！而那種「感覺」能不能給小嬰兒百分之百的安全感，對於他日後的成長非常重要。

如果媽媽照顧他不專心，甚至心煩氣躁，或是對育兒沒有信心而搖頭嘆氣，小嬰兒便會感覺到這世界不歡迎他，而不敢放心地信賴媽媽了。

這樣的孩子，一開始就不敢信賴別人，自然會顯得膽怯，個性也不開朗了。更糟糕的是，他的不開朗會變得不討人喜歡。不討人喜歡的孩子，沒人誇獎，也沒人愛逗他，可憐的孩子也就變得更孤獨、更畏縮了。

所以媽媽給初生嬰兒的第一印象很重要。儘管沒經驗的媽媽不能幹也不夠聰明，只要有足夠的愛心，經常面帶笑容，溫柔地招呼、擁抱孩子就行了。

小嬰兒認為最值得信賴的媽媽，並不是做事乾淨俐落、動作勤快的媽媽，而是穩重、做事慢、說話也慢的媽媽；因為小嬰兒敏感而膽小，很容易受驚。

為了給小嬰兒足夠的安全感和信賴，從出生到一周歲這段時間，媽媽對嬰兒越溫柔、越寵愛越好。媽媽能夠給小寶貝多少愛，儘管給吧！這時候還不需要顧慮孩子的獨立問題呢！

為甚麼小嬰兒喜歡媽媽抱

每個小嬰兒都希望媽媽常常抱他，因為小嬰兒自己不會說話，也聽不懂大人的語言，他必須靠著觸覺去感覺媽媽的溫暖體溫和愛撫，從媽媽溫柔的說話聲音去體會媽媽對他的愛。

換句話說，那是一種對別人的依附；就像寄生動物或植物需要「寄主」一樣。小嬰兒自己沒有生存能力，必須尋求、認定一個可靠的「寄主」；這一個「寄主」就是媽媽。

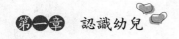

媽媽不一定要親生娘，只要被嬰兒認定為最可靠的，他也會依附。而被他認定的「媽媽」，必須固定而不能時常更換，換了人他就會緊張，也會覺得茫然不知所從了。

嬰兒依附關係穩定不穩定，影響他日後的人際關係很大。不穩定的，他的個性會變得不敢隨便信任別人，甚至猜疑心重，成人以後連配偶都不敢信任，無法建立親密的夫婦關係。

所以，有時間抱孩子，就多抱吧！小嬰兒任信你才肯讓你抱。父母不常抱他，他怎麼知道父母愛他，關心他呢？

甚麼時候開始學獨立

嬰兒受到母親的保護，也受到了所有愛他的親人的照顧，原本無憂無慮的嬰兒過了周歲，就要開始學習「獨立」了。這時候他要努力的是漸漸脫離「寄生」，慢慢走上自立之路，學習自己照顧自己，不能再倚賴別人生存了。

這項學習對稚嫩的幼兒來說，是非常困難而時時會感到不安的。也許有人認為小嬰兒跟母親不要有太緊密的依附關係，以後孩子要學習獨立會比較容易。如果這樣想，嬰兒期的「教育」就註定失敗了。

因為嬰兒與母親的依附關係緊密，嬰兒就有信心；有信心才有勇氣學習獨立。所以周歲前受到越多寵愛的孩子，越容易學習獨立。這是很微妙的「一道數學題」呢。

至於學習內容是甚麼呢？當然要從最基本的生活習慣開始。基本的生活習慣，大約可以分成吃飯、排泄、清潔、穿衣和睡眠五個項目。通常列為最先要訓練的是排泄的習慣和斷奶。

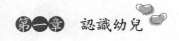

去除尿片

剛開始的時候，孩子一定很不習慣，因為這是他有生以來第一次嘗試不能隨心所欲的滋味。過去一直是甚麼時候想撒尿就撒，想拉屎就拉。不知為甚麼，媽媽突然不准他這樣「方便」了。明明沒有便意，或根本不想尿，媽媽卻那麼專橫地突然脫去他的尿片，硬抱著他，以不自然也不舒服的姿勢，強迫他撒尿、大便，甚至要他坐在又冷又硬的便器上面，這怎麼「方便」得出來呢？更奇怪的是，媽媽很堅持，有時候不聽話，媽媽會打屁股呢。

這時候孩子可能會懷疑，媽媽是不是不愛他，不喜歡他了呢？如果在嬰兒期，孩子對媽媽十分信賴，並且對媽媽的愛有信心，他的懷疑只是短暫的，他會很快地明白，他必須照著媽媽的意思去做，才能得到媽媽更多的愛；因為他聽到了媽媽誇獎他的聲音，也看到了媽媽稱讚他的笑容。

問題是媽媽本身往往狠不下心，沒有辦法堅持自己對孩子的訓練，結果反而使孩子不知道媽媽是想教他，還是在戲弄他，在虐待他？這樣的「學習」當然不會有好結果。不過媽媽應該「堅持」到甚麼程度，那也要看情況，不能過分強硬；尤其重要的是，不能操之過急。教育幼兒的訣竅，就是耐心。

那麼要從幾歲幾個月大時開始訓練呢？這就沒有一定的標準了。有人說太早訓練，會逼得幼兒過分緊張而變成焦慮或神經質的孩子。這當然是應該注意的，但是也不能因為這樣，就遲遲不訓練孩子。通常過了周歲，就可以訓練不穿尿片了，至於哪一個月哪一天開始，請媽媽自己決定吧。因為孩子有體弱多病發育慢的，也有健康活潑發育快的，更有自己帶和請保姆帶的種種區分。孩子夠不夠成熟？能不能開始訓練？這全憑媽媽自己辨認、決定才行。（美國的專家們認為兩歲左右才開始訓練比較合適。但是臺灣地處亞熱帶地區，我們好像應該提早些。）

斷奶

斷奶要慢慢地進行，更需要花很長一段時間，逐漸以其他食物取代母奶。不管甚麼時候開始，甚麼時候完全斷離，對嬰兒來說，這是人生最重大的一件事；因為那是要訓練自己，沒有母親也能自己生存的最基本的生活能力。

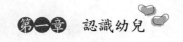

嬰兒和幼兒最敏銳的感覺器官好像是嘴，這一點我們可以從他們甚麼東西都要塞進嘴裡的動作看出來。他們所以會這樣，是因為他們依靠嘴來分辨東西。這跟他們想藉著觸覺來分辨東西而喜歡亂摸亂抓一樣，是很自然的試探動作。

讓嬰兒那感覺敏銳的嘴去嘗試母奶以外的食物滋味，例如果汁、肉汁、魚肉、蛋黃等等，一次一點點，慢慢地增加種類。這也是在告訴他們：這個世界是十分複雜而且變化多端的。這時候最重要的，就是不能嚇著孩子，不能讓他們厭惡或發生排拒心理，必須讓他們高高興興地接受。如果能這樣，孩子就會覺得複雜而有變化的世界十分可愛，自然不會發生疑心或不安等個性上的毛病。

我們常看到一些嚴重偏食的人，個性上不容易與人相處。他們拒絕廣大的世界與人群，寧願把自己關在一個自己熟悉的小天地裡，對陌生的環境和人都有戒心；這樣的人生怎麼能快活？

孩子斷奶的時候，媽媽不能只考慮營養而忽略了孩子的喜好，更不能因為怕孩子偏食，強迫孩子吃不喜歡的食物；因為在這段時間，比營養更重要的是孩子的心理。要孩子很放心而又很樂意地接受複雜的世界，媽媽不能不多花一點兒心思啊。

另外三項必須訓練的基本生活習慣——清潔、穿衣和睡眠，也跟排泄習慣及斷奶的訓練一樣，媽媽除了要有耐心之外，最重要的是要注意讓孩子樂於學習，樂於接受。

上述五項基本生活習慣，一定要在三周歲以前全部學習完成；因為這是兩歲到三歲幼兒最重要的學習課程。

幼兒需要玩伴

根據專家的調查報告，人類一生當中最愛玩也最會玩的年齡是四歲到五歲。這段時間的幼兒玩起來常常忘了肚子餓，害得媽媽好著急；其實那是很正常的。

如果孩子不愛玩，那才應該著急呢；因為在這個時期，幼兒學習社會生活比甚麼都重要。相信所有的父母都希望自己的孩子能夠得到更多人的喜愛和友誼，所以應該鼓勵孩子走出家庭，去接觸廣大的社會，認識更多的朋友。

問題是，細心的媽媽常常不放心，生怕孩子出去會跌倒受傷或受人欺負。其實孩子發育到四五歲時，身體各部分的機能已經相當的發達，可以自由攀登、跳躍、奔跑和推、拉、緊抓等等。他可以自己行動，自己照顧自己，所以讓他單獨出去跟遊伴玩兒，只要環境和場所安全，應該是可以放心的。

在他們最好奇也最愛玩的這段時期，如果不讓他們盡情地玩，光陰很快地流逝，六周歲一到就要入學，就要開始被逼著讀書、考試，學這個學那個，不能稱心如意地自由玩耍了。我認為四五歲是人生最幸福快樂的一段時光，不但不需要倚賴他人而能獨自行動，而且生活裡沒有壓力，也沒有競爭。在入學以前，沒機會正式跟同年齡的人做學業及才藝等各方面的比較，每個孩子在父母心目中都是最聰明、最可愛的。讓他們充分享受這段時光吧，幫他們物色幾個好遊伴，讓他們自由盡情地玩兒！

學習人際關係

前面說過，小嬰兒剛出生到周歲這一段時間，最重要的是給他安全感，讓他百分之百地放心依附媽媽。不過過了周歲以後，就要學習獨立，學習依靠自己了。等到他基本的生活習慣養成，學會自己吃飯，自己解大小便和穿衣、睡眠，以及維護自身的清潔以後，便要開始讓他學習信任別人。因為幼兒後期必須做好加入社會生活的準備。在群體裡不敢信任別人，就沒辦法與人和好相處，愉快地結交新朋友了。尤其在小家庭裡長大的孩子，因為從小很少跟外人接觸，除了自己的父母之外，不敢隨便跟人招呼，自然也不敢隨便信任別人。

所以在幼兒四、五歲，能夠自己行動，而且也最愛玩的時候，必須把握機會，積極地為孩子尋求遊伴，讓他盡情地玩兒。幼兒在跟遊伴玩耍的時候，可以學到禮讓、妥協、互助、合作等等很多可貴的觀念。而這些觀念會讓他明白，在家庭以外的地方與人相處，除了靠自己照顧自己之外，也需要仰賴老師、保姆，以及朋友們的幫助和保護。而要別人幫助、保護，就得信任人家。這一個想法，對他以後的社會生活很重要，媽媽應該注意讓四、五歲的孩子學習人際關係。

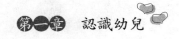

教養要不要分男女？

專家認為男性與女性的性格和興趣，在幼兒期是沒有甚麼差別的。我們大人喜歡對孩子說，男孩要有男孩樣兒，女孩要有女孩樣兒；那「樣兒」是大人給孩子定的，是大人做給孩子看的。幼小的孩子根本不知道自己的身體特徵是屬於男性或女性。但是從嬰兒期開始，周遭的人就在灌輸他們性別的意識。例如：女孩子和男孩子穿的衣服，花色和樣式都不一樣，大人給的玩具也不一樣，而且不時暗示他們男孩要學爸爸，女孩要學媽媽；因此他們自然明白，要認同誰來學做男性或女性了。

到底有沒有必要明確地區分男性或女性，而採取不同的教養方法呢？

過去的農業社會，男性多半要承擔耗費體力的粗重工作，所以必須勇敢，能吃苦；女性只負責理家和養育孩子，所以需要溫柔、細心。由於生活上需求的性格和能力不同，所以必須從小接受不同性別的不同教養。

現在機器文明取代了人類的勞力，男性的工作內容和方式跟著改變，女性也不需要一生關在家裡做家事。男女從小受同樣多的教育，長大成人以後，在社會上也做著同工同酬的工作。既然在生活上不扮演完全不同的男女角色，也就沒有必要從小刻意給孩子做男性與女性的差別教養了。

不過人類並不完全為生存而活，在男女兩性組合的社會裡，大家想要生活得和諧有樂趣，還是男女有別比較有變化，也比較快樂些。至於男女角色要怎樣扮演才合適，那就要隨著社會的演變而隨時修正了。在女強人受到肯定的現代，做丈夫的要怎樣扮演男性的角色才合適，好像還沒有甚麼標準，等孩子長大以後再讓他們自己去認同，自己去學習吧。在他們幼小的時候，父母只要教他們做個快樂有用的人就行了。

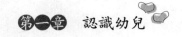

第二章 了解幼兒的需求

你怎樣教養你的孩子？

不知做媽媽的有沒有想過，你現在對孩子的養育和管教方式，是打從哪兒學來的呢？

如果仔細想一想，你一定會發覺，你是根據自己過去所接受的教養方式在教養你的孩子，只不過更進步些；因為你吸收了許多現代的養育幼兒知識。不過對於自己受過的管教方式，並不是照單全收，在你的記憶裡認為是痛苦或不愉快的，你就不忍心再加在你的孩子身上。舉例來說，如果你小時候最怕聽父親的長篇說教，最討厭媽媽的嘮叨，你自然不願意學你父母的樣子，去惹孩子討厭，製造孩子的反抗心。不過這樣的自我修正似乎不多，所以大半是你小時候怎樣受教，現在就怎樣教你的孩子。所謂的「家風」，就是這樣流傳下來的。

至於新的教養知識，往往是跟著流行；別人怎樣教，自己就怎樣教。例如你小時候沒有電視，當然沒有「可不可以讓孩子一邊看卡通一邊吃飯」的問題，你感到很困擾。但是看看別人的家庭，大半的孩子都是一邊看電視一邊吃晚餐，你也就放心地允許你的孩子這樣做了。到底跟著「流行」教養孩子，是對還是不對呢？這就要靠媽媽的觀察和智慧，視孩子的反應做適當的調整了。

「滿足孩子的需求」

現在的父母教養孩子，最流行的一句話是「滿足孩子的需求」。大家認為孩子的需求不滿足，會導致嚴重的心理問題，不是變得鬱鬱寡歡，就是變得脾氣暴躁。大家唯恐孩子不滿足，所以孩子要甚麼給甚麼，結果每個孩子都驕寵得不得了。

我的看法剛剛相反，我認為當孩子在「需求不能滿足」的情況之下，教他如何忍耐，或教他如何靠自己的力量去獲得滿足，這才是積極而且對孩子有用的教育方式。

因為一個人的一生，不可能永遠要甚麼有甚麼；尤其現代社會的生活競爭劇烈，一個人要生存，隨時都會遇到困難、挫折。孩子從小不知忍耐，遭到困難不知克服，遇到不如意的事就傷心、失望，這樣如何能適應社會呢？

舉一個例子來說吧，如果你的孩子看到鄰居的孩子玩昂貴的進口玩具車，他也吵著要買，但是你的家計不允許，那就千萬不要為了滿足孩子的需求，而勉強去買。你應該明白地告訴孩子不能買給他的原因，並且告訴孩子，父母的能力能夠買給他的是哪些東西，讓孩子自己思考，自己選擇代替的物品；或者教孩子自己有計畫地慢慢儲蓄，存夠了錢自己買；也可以教孩子忍耐，不要想擁有那一件東西。

總而言之，孩子很想要的東西卻不能馬上得到的時候，正是訓練他學習忍耐和尋求解決方法的好機會。如果父母能夠善加引導，這一類的「需求不滿足」對孩子不但無害，而且有益得很，不是嗎？

你的孩子屬於哪一型？

對於小孩子解決不如意事的方法，有人做過各種心理學的測驗。下面這一個測驗，你可以拿來試一試你的孩子。

在一個寒冷的冬天，媽媽對打球晚歸的孩子說：「糟糕，菜湯涼了。」孩子臉上可能的表情和回答，大概可以分成三種類型：

(一)怪罪他人的典型——把責任推給別人，富攻擊性。

＊為甚麼不放在保溫鍋裡而讓它涼了呢？

＊幫我熱一熱嘛，這怎麼能喝？

＊媽媽真笨！

（二）**自責的典型**——老是覺得自己不對。

＊是我不好，回來太晚了。

＊我來熱一熱，是我自己晚回來的嘛。

（三）**無所謂的典型**——不把不如意事放在心上，不怪罪他人也不自責，根本不當一回事。

＊稍微涼了一點也可以喝呀。

＊沒關係嘛，涼了一樣好喝。

第一類型，把責任統統推給別人，凡事覺得別人不對的孩子，在寵愛孩子的現代家庭裡為數還真不少。這樣的孩子固然不可愛，而凡事把責任都推到自己身上的自責型，也值得父母多加留意。這樣的孩子肚子裡積壓鬱悶太多，總有一天會爆發。至於將在何時何地，以甚麼樣的方式爆發，那是很難預料的。很多所謂的「問題兒童」，就是這樣造成的，父母不能不小心。

上面三個典型，以第三類型——無所謂型最為成熟，如果你的孩子屬於這一型，你可以慶幸自己的教育成功，而不必擔心以後會有甚麼問題了。

幫孩子解決不如意事

不過，上面的測驗是針對五六歲大的孩子做的。如果孩子才兩三歲，連話都說得不完全，心中有不如意的時候，他們是怎麼樣自處的呢？

通常幼兒採取的方法是活動身子，他們藉著活動身子的遊戲，發洩心中的不愉快。所以遊戲對幼兒很重要，它的功能就像汽鍋的保險閥一樣，可以適度地洩出積壓的悶氣。如果父母希望孩子個性開朗，那就盡量讓他們到外面玩兒吧。這樣會多活動身子，孩子就不會老記得不愉快了。

幼兒感覺到不如意，通常有三個原因：

（一）希望以自己為中心，卻不能如願以償。

本來小孩子都是自我中心的，他們不會想到別人，他們認為大人集中注意力寵愛他是理所當然的。然而隨著年歲的長大，他受到注意和寵愛的程度卻越來越不如從前，這時候他所感到的「不如意」，就是心理學上的「需求不滿足」。這時候大人要做的是疏導他，而不是給他「滿足」。疏導的方法，就是轉移他的注意力，讓他專心投入遊戲，忘了不受人重視的失望和悲哀；另一方面，也要他練習「忍耐」，那就是不能事事順著他，即使撒野哭鬧也不必理他。在他努力想爭回嬰兒期處處受人重視，大人事事遷就他的「顯要地位」的這段時期，如果他發覺撒野哭鬧也爭不回，他就會「認命」地忍耐下來，而慢慢習慣不完全以他為中心的幼兒期生活。這段過渡期間，如果父母能夠順利帶孩子度過，孩子就能健全而開朗地繼續成長。如果處理不當，就會養出永遠長不大的任性的孩子了。

（二）希望自由，不喜歡受人約束，偏偏父母要管教他。

不管是大人還是小孩子，誰不希望自由？不過大人對「不自由」的感覺，沒有小孩子敏銳，因為大人在有一定規律的日常生活裡，早已經習慣一些常規，而不覺得那是「不自由」。

小孩子不同，他們過去在嬰兒期的時候，甚麼時候高興做甚麼，都是隨心所欲、完全自由的。包括生活裡的吃、喝、大小便和睡覺，媽媽完全配合他的方便行事，小嬰兒從來不知道世間也有「約束」。

然而隨著自己的長大，不如意的事兒也隨之而來。媽媽要他定時吃三餐，大小便要坐小馬桶，不允許他再任意拉在尿片裡。媽媽給他定了許多規矩，「要這樣」，「不許那樣」，小孩不願意失去過去的自由，當然會反抗，於是母子會起爭執。在這樣的情況之下，小孩子所感到的不愉快也是一種「需求不滿足」。如果現代父母為了「盡量滿足孩子的需求」，而一味地放任孩子，那樣孩子跟野人有甚麼兩樣呢？所以，「滿足孩子的需求」這一句話只適用於嬰兒期，進入幼兒期以後，就要加以約束和管教了。如果約束、管教得當，你的孩子會成為乖巧可愛的孩子；如果不得當，就會變成令人頭痛的問題兒童，所以這段時期的教育，非常非常重要。

小孩子不愉快的情緒必須幫他紓解。紓解的方法就是多給他自由遊戲的時間，讓他找同齡的玩伴，盡情地玩兒，他就會忘了生活受約束和受管教的不愉快。以「自由遊戲時間」來彌補孩子受常規訓練所失去的自由，使他的情緒能夠得到平衡，孩子自然開朗活潑，不會鬧彆扭了。

（三）喜歡原始的野趣，父母卻不允許。

大人尋樂的方法很多，談天、聽音樂、喝酒、看書等等，只需要動用身體的部分感官，就能感覺到樂趣。幼小的孩子跟大人不同，他們要全身活動才能感到滿心滿懷的快樂。他們最喜歡的遊戲是淋雨或在泥地裡打滾兒。肌膚碰觸沙子的觸覺和泥巴的黏糊，是他們感覺最有趣的感官享受。

小孩子喜歡打赤腳，喜歡玩水，玩沙土，也喜歡花草樹木和各種小動物。人類原本是自然界的動物，愛好自然是天生的本性，所以不能過分限制小孩子展現這方面的天性；有機會可以讓他們打赤腳的時候，就讓他們打赤腳吧，只要不影響健康，淋雨、玩水、玩泥巴和打滾兒，都讓他們體驗吧。他們在這方面的需求，當然沒有辦法讓他們百分之百的滿足，但是也不能讓他們百分之百的忍耐。愛孩子的父母不能漠視孩子們享受野趣的需求。

為甚麼吸手指？

幼兒大半喜歡吸手指，通常到了兩歲半或三歲半左右，自然而然就不愛吸了。如果到了三四歲還改不了這個習慣，甚至白天吸，夜裡睡覺的時候也吸，把手指吸得腫起來，那就有問題了。遇到這樣的孩子，父母可以從兩個方向去探究原因。

（一）單純的習慣的延伸。

有些父母為了提早訓練孩子獨立，在嬰兒期就盡量不去抱他，少給孩子吃奶嘴兒，嬰兒天天一個人躺著，太寂寞也太無聊，只好拿自己的手指吸著玩兒，吸久了就成了習慣。如果這個孩子個性開朗，能吃又愛玩，那就不用擔心；以後長大，要做的事增多了，他也沒閒功夫吸手指了。

（二）母愛的代替品。

如果孩子除了吸手指之外，還有其他問題，例如愛哭、幼稚、不愛說話、孤僻等，那麼他喜歡吸手指的習慣就不容易改了。因為他的生活沒有甚麼樂趣，只有吸手指比較好玩，不吸就顯得不自在，要他戒了實在不容易。這樣的孩子可能缺乏母愛，如果做母親的斥責孩子吸手指，不但於事無補，反而會變得更嚴重。所以做母親的應該冷靜地想想，可能是孩子對母愛的需求感到不滿足，請從這方面去下功夫吧。

為甚麼會口吃？

通常小孩子一緊張就容易口吃，有時候一句很平常的話，也重複又重複，無法一口氣說完。口吃的真正原因，到目前為止還沒有肯定的答案。

一般認為，小孩子的心情不能放鬆，是造成口吃的主要原因，所以我們可以從小孩子的日常生活和親子關係來探討這問題。首先，做家長的要冷靜地想想，是不是對孩子管得太嚴了？如果小孩子成天提心吊膽，擔心自己做錯事，挨罵，心情自然輕鬆不下來。根據統計，口吃的孩子的媽媽，大部分都很性急，管教也嚴格；相對地，父母改變管教態度而治癒幼兒口吃毛病的實例也很多。可見親子關係是很重要的因素。

矯正口吃毛病，最忌諱的是命令患者一遍又一遍地重述。因為你越逼迫，患者就越緊張，越緊張就越不能說得順利。有時候口吃的孩子本人不緊張，聽他說話的一家人卻緊張得鴉雀無聲，幾雙焦急的眼睛同時注視孩子的臉，可憐的孩子怎能不更驚慌惶恐而說不出話呢？所以要矯正孩子的口吃，首先要放鬆心情。如果發現孩子口吃得很厲害，媽媽可以伸出手，重重地壓在孩子的肩上，讓孩子喘口氣，穩住情緒再開口。總而言之，想改正孩子口吃的毛病，要有足夠的耐性，操之過急往往得到相反的效果。

偏食

媽媽最擔心小孩子偏食會造成營養不均衡。有些孩子原本甚麼都吃，過了三歲以後，突然變得十分挑剔，一會兒不喜歡吃青菜，一會兒討厭吃魚，害得媽媽不知該如何「伺候」。

通常幼兒偏食是由下面四個原因造成的：

（一）家庭伙食的偏向。

（二）對食物的聯想。

（三）從三歲開始的一種自我主張的表現。

（四）天生的偏好。

第一個原因是主廚的媽媽應該負責的。在家裡的餐桌上很少出現的食物，小孩子沒吃慣，自然不喜歡吃，或是不敢吃。這個問題通常要到孩子進托兒所或上幼稚園，吃團體伙食時才會發現，所以有幼兒的家庭應該及早注意這個問題。

第二個原因十分普遍。因為幼小的孩子想像力豐富，有時候看到銀色的魚皮會聯想到可怕的蛇；看到白色肥肥的牡蠣，會聯想到一咬就出油汁的肥豬肉；甚至看到一粒粒的豆子，也會聯想到曾經患過的風疹而渾身癢起來。這樣的孩子多半是神經質，個性固執，不肯通融，需要大人的疏導，讓他慢慢接受那些由怪異聯想而拒絕吃的食物。

第三個原因雖然讓媽媽頭痛，但是媽媽不妨從另一個角度來想：孩子已經長大，開始有試探自己能力的慾望，那不是值得欣慰的一件事嗎？

本來三歲以前的嬰幼兒，味覺並不怎麼發達，而且也沒有甚麼個性和自我意識，媽媽給甚麼他就吃甚麼。

三足歲以後，幼兒進入「第一反抗期」，開始會使用「不」字，剛好這時候他的味覺也比以前敏銳，所以喜歡吃的他才吃，不喜歡的就不吃。

發現孩子開始「有個性」，做母親的應該高興，但是也不能因此而完全順著他。有時候，你也可以使出強硬手段，捏著鼻子逼他張開嘴，硬把他拒食的菜塞進他嘴裡。這個年齡的孩子雖然喜歡反抗，但是也怕媽媽不愛他，所以媽媽可以軟硬兼施，跟他周旋。這段時期的教育成敗，關係著孩子的人格形成，父母應該好好把握。

至於第四個原因，那是先天的，恐怕不容易改變。有人天生喜歡吃鹹，從小愛喝鹹豆漿而不喝甜豆漿。像這樣的偏好，對健康沒有甚麼影響，對生活也不會造成太大的不方便，不需要勉強去改正。

除非孩子的偏食很嚴重，父母實在不需要太過擔心。現在吃的東西這麼豐富，孩子只要能吃，營養不均的問題是不會發生的。

尿床

為孩子尿床而苦惱的媽媽好像不少，尤其孩子已經快上小學了，夜裡還要包著尿片睡覺，就算媽媽不著急，孩子本身也很懊惱。

通常尿床有兩種情形，一種是從嬰兒期一直繼續下來；另一種是曾經一度不尿了，因為某種原因，突然又開始天天尿床。後者是心理上的原因，而前者可能是器官發育遲緩，或根本就有病；不過也有可能是心理問題，或是給孩子訓練排尿習慣時，方法不當所致。

如果是器官上的原因，應該請教醫生。我們在這兒只談心理問題。

有時候，原本不尿床的孩子，因為媽媽生了小弟弟或小妹妹，突然又開始尿床了。此外，搬家、入學、生活環境突然起大變化時，也會造成再度尿床。這一類原因所引起的尿床，大概一兩個月就會自然痊癒。

如果一直不見好轉，那就要仔細觀察孩子，是對新環境無法適應，還是遲遲不能習慣，或是根本不願意接受？從這一方向去尋求原因，也許你能為孩子解開心中的結。

不過進行疏導工作時，你對孩子的管教態度要比平時稍微放寬些，因為這時候孩子的心理狀態完全像一隻驚弓之鳥，情緒很不安。如果孩子嫉妒剛出生的弟弟或妹妹，除了想辦法向他保證媽媽不會因為有了弟弟就拋棄他或不關心他之外，也要積極引導他幫忙照顧嬰兒，慢慢讓他習慣多一個弟弟或妹妹的生活。

當然，解決心理問題不是一蹴可成的。下面幾個方法你可以試一試：

（一）生活盡量規律化。

（二）培養孩子獨立的習慣，多給他獨當一面的機會。

（三）尿床之後的處理工作，讓孩子自己負責一部分。例如把換下的臭褲子拿去放在水盆裡泡水，自己換上乾淨的褲子等。

（四）孩子不尿床要誇獎他，失敗也不可加以嘲弄或斥責。

（五）半夜叫醒孩子起來解尿，但是要事先預估出孩子可能尿急的時間，適時地叫醒孩子，不能以大人的方便為準。例如大人晚睡，利用睡前時間叫醒孩子，或是大人半夜醒來，順便叫醒孩子。這種自私的方法是無效的。

如果上述方法都無效，不妨請教醫生看看吧！

喜歡摸性器

喜歡摸性器是幼兒常見的毛病，大人千萬不必大驚小怪。他們沒事摸著性器玩兒，就跟吸著手指玩兒一樣，跟性慾沒有半點關係。

小孩子在無意間碰到性器時，突然感到痲痲的，那種感覺很有趣，也很新鮮，因此他會再去摸去揉。不過這種遊戲通常不會持續太久，因為還有更多更好玩的遊戲，轉移了他的注意力，使他忘了玩自己身上的「東西」。

如果孩子時常摸性器，那一定是寂寞沒有伴兒的。這樣的孩子可能很內向，不敢隨便跑到外面去玩兒。既然沒有別人陪他玩兒，他不自己玩兒，要怎麼打發時間呢？所以，父母發現孩子吸手指或摸性器的情況很嚴重時不能罵孩子，應該好好地檢討，徹底改善孩子的生活。對於心靈感覺空虛寂寞的幼兒，我們同情都來不及，怎麼忍心再斥責他呢！

緊皺眉頭猛眨眼

為甚麼孩子突然變得很喜歡皺眉頭、猛眨眼？到底怎麼回事呢？

孩子患上這種毛病，父母會急壞了，急忙拉著孩子去看醫生。醫生說，那叫「面肌抽搐症」。到底有沒有特效藥可以治療呢？

通常大人患「面肌抽搐症」，醫生會開藥給病人吃。但是幼小的孩子患這種毛病，醫生多半會提醒父母，從心理方面去探究原因。

有的專家認為小孩子面肌抽搐不是壞習慣，而是精神不安。精神上所受的壓力，以「運動」的方式發洩出來。換句話說，面肌抽搐是紓解心理緊張的一種方法。如果仔細觀察患這個毛病的孩子，會發現他們多半不夠沉著、穩重，或任性、敏感、容易激動、性格上多少有些偏差。

另外，不能忽視的是親子關係。患這個毛病的孩子的母親多半嚴厲，對孩子的功課或技藝的學習，要求得十分嚴苛，小孩子心中積壓了太多的壓力，變成面肌的「運動」，一顫一顫地傳出信號。

所以父母急也沒有用，還是趕快檢討自己吧！如果原因不在家裡，可能是孩子在托兒所或幼稚園受到甚麼威脅或發生過甚麼難堪的事。例如溜滑梯時推人，受到老師的指責和全體小朋友的攻擊；要不就是上臺表演的動作滑稽或出了差錯，受到小朋友們的嘲笑等等，這一類的因素，都足夠小孩子煩惱、緊張。所以趕快找保姆和老師詳細談談吧。小孩子有困惱，不幫他紓解，變成了心理問題，事情才真麻煩呢！

假放完了，不肯再上幼稚園

本來很愛上幼稚園的孩子，有時候連著放幾天假，或者家裡有事而連著幾天不上幼稚園，到了再上學時，卻拖拖拉拉地不肯上學了。這到底是怎麼一回事呢？

不肯上學的孩子有兩種類型：一種是打從一開始就拒絕上學；另一種是原本很喜歡上學，卻突然拒絕上學。

兩者比較起來，後者的問題嚴重多了。

因為通常會有這種突然轉變的孩子，性格上比較膽小、內向又好強。對於陌生人和新環境有恐懼感，不容易適應，但是因為好強，他會勉強自己去接受，所以他所耗費的精神比別人大，內心的掙扎也十分吃力。好不容易捱到放假，緊張的心緒一旦鬆懈下來，就再也懶得重新振作起來了。

遇到這樣的情況，父母著急並沒用，想辦法安撫他吧。也許媽媽可以陪他一個人在幼稚園的院子裡玩一兩個鐘頭，再送他加入群體，或者只上半天，讓他先回家。如果他最不喜歡的是吃學校的午餐（不習慣團體伙食）那就暫時停止，過一段日子以後再讓他逐漸去習慣。這段鬧彆扭的時間，應該趕快幫他尋找一個要好的友伴重新投入團體。

不過最根本的教育方法，就是引導孩子接觸外界，多跟陌生人打招呼，認識新朋友。如果不想辦法改變孩子怕生和不適應新環境的習性，以後上了小學，每次換級任老師或重新編班，都會因為適應困難而大大影響學習生活。對於這點，家長必須及早留意和防範。

在家愛說話，在幼稚園卻像個啞巴

有些孩子在家裡成天不停地說話，可是到了幼稚園卻緊閉著嘴，像是啞巴，有人問他話，也只會點頭和搖頭，怎麼也不肯開口。有時候家長會懷疑，是不是孩子不喜歡教他的那一位老師呢？

事實上，孩子不敢開口並不是不喜歡老師，而是不信任老師和周遭的人。他膽小，對別人心懷警戒，生怕別人侵入他的內心世界，所以不跟人說話，就是一種自衛的方法。

不過遇到比他小或比他大的小孩子，他就比較敢開口了；原因是比他小的孩子不會欺負他，比他大的孩子可能會保護他。他防範的是跟他一般大小的「同學」。

遇到這樣的孩子，父母罵他根本沒用，激他也不會有效果。唯一的辦法就是建立孩子的自信心，對自己有信心，就不會處處提防別人了。看看孩子在哪一方面有特長：運動、繪畫或彈琴……，讓他的特長盡量發揮，讓他發現自己並不比別人差，慢慢就會有自信了。

另外一個方法，就是請他的同學到家裡來，一次一兩個，讓他在自認為最安全的家裡，跟新的朋友交往，逐漸解除對陌生人的警戒心。

如果熟悉的親戚到家裡來做客也不肯跟人說半句話，這孩子的問題就嚴重了。這種情況恐怕要請心理醫生醫治。但願有幼兒的媽媽們能夠及早培養孩子的自信心，等到孩子上幼稚園才來矯正，就困難了。

第三章 談性格

任何一種性格都有優缺點

談起人的性格，真有千百種。不過大致來說，大概可以分為外向和內向這兩種類型。

外向的人敢表現，也愛表現，比較容易引起別人的注意，也容易討人歡心。如果家裡有兩個孩子，剛好一個外向，一個內向，父母就要特別注意了。因為外向的孩子好表現，而有表現，就有機會受到鼓勵和讚賞。內向的孩子沒機會表現，自然也沒機會受到鼓勵和讚賞。於是，外向的越來越外向，內向的越來越內向了。如果外向的是老二，內向的是老大，兩人的表現機會還有可能均等；因為父母需要幫忙的時候，總是習慣差遣較大的孩子。但是，如果內向的是老二，就永遠沒有機會表現，也沒機會受到訓練了。所以父母發現兩個孩子個性不同的時候，要特別注意，一方面盡量安排機會給內向的孩子去表現，一方面去發現內向孩子的優點。因為外向的孩子雖然顯得活潑可愛，但是在性格上也有缺點；同樣的，內向的孩子雖然有缺點，但是也有他的優點。

一般來說，外向的孩子粗心大意的居多，一心只想表現，卻忘了為別人著想。尤其在群體裡為了出鋒頭，有時候會採取與眾不同的舉動，招惹別人的反感。如果功課好，可能受到同學們的擁戴；如果功課不好又愛出鋒頭，那就非常討人厭了。日後研究高深學問或開創事業，粗心大意的人比較不容易成功。相反的，內向的人多半做事細心，顧慮周到，所以為人比較謙虛，不容易得罪人。如果把時間和精力集中到某一項工作或某一項研究，成就是十分可觀的。所以父母不必為孩子內向擔心，只要認清孩子的個性，盡量發揮他的優點，每個孩子都是

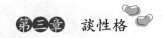

可造之材。

你希望孩子具有甚麼樣的性格？

我想，天下的父母大概都希望自己的孩子聽話、乖巧、活潑、不怕生、會領導別人吧！

然而真正能有這麼多優點的小孩子好像並不多，因此很多父母不滿意自己的孩子，總是覺得自己的孩子沒有人家的孩子好。

我認為父母最希望的「聽話」、「乖巧」，對孩子本身來說不一定是優點。現在我們來看看不怎麼聽話、乖巧的孩子，是甚麼樣子的呢？

（一）**過度專心**——這樣的孩子對某種遊戲或某種事物，一熱中起來便會廢寢忘食，把該做的事都忘了。

（二）**不肯照著父母的指示做事**——不管父母吩咐甚麼，他都說「知道了！」做的時候卻按照自己的想法進行。

（三）固執、好辯——喜歡反駁，凡事總有一大堆理由，不肯聽大人的話。

（四）慢動作——做事慢吞吞地，不過很少出錯。

（五）不穩重——毛毛躁躁，片刻也不能安靜。

（六）不靈巧，但是有耐性——做事不靈巧，但卻能夠有頭有尾地完成一件事。

要挑小毛病和小缺點，說也說不完。如果你的孩子有上述的某一項或幾項小毛病，有甚麼關係？太完美反而奇怪呢！有點兒小缺點的孩子，可塑性反而大。有時候針對他的小缺點加以適當地引導，可以把「缺點」變化成性格上的「特徵」，而做出成功的事業呢。例如上面所舉出的六項小缺點，每一項都可以導向好的方面去發展。

（一）過度專心的孩子，可能變成對工作狂熱、事業有成的人。

（二）不聽指示的孩子，可以培養成為有主張、有見地的人。

（三）固執、好辯的孩子，可能是頭腦比別人好。

（四）動作慢但是不易出錯的孩子，可能變成值得別人信賴的人。

（五）不穩重的孩子多半好奇心特別強，也許會變成富於創造性的人。

（六）不靈巧但是有耐性的孩子，在長遠的人生大道上，往往是最後的勝利者。

所以父母不用擔心孩子有小缺點，不過要把「缺點」轉化為「特點」或「優點」。當然要下一番功夫咯！

性格可以改變

中國人有一句俗話：「江山易改，本性難移。」到底一個人的性格，先天所佔的成分有多大呢？

正確的數字很難說，但是一般人都喜歡把缺點歸咎於遺傳。我們不是常聽媽媽說：「瞧這孩子，跟他父親一模一樣！」她是在指責孩子隨便亂丟東西呢；指著女兒的鼻子說：「跟你奶奶一模一樣！」意思是說：「小氣，沒度量！」

其實，喜歡亂丟東西或是沒度量這一類的性格，不是遺傳，而是後天教養的失敗。媽媽實在不應該推卸責任，把孩子的缺點統統歸罪於遺傳。

當然，有某種天性的人比較容易有某種缺點，這是可以分析出來的，所以不能說缺點跟遺傳毫無關係；不過我們沒有必要浪費時間去追究。重要的是，發現了缺點以後，要趕快想辦法糾正，如果教育得法，還能把缺點轉化為優點呢。

現在我們來檢討一下，對於孩子的性格的形成能不能有正確的引導？

（一）有沒有強求孩子做一百八十度的改變？

如果你的孩子的性格是慢吞吞的，你希望他像隔壁阿雄那樣生龍活虎，可能嗎？如果你的女兒很愛說話，你希望她變成文靜的小公主，辦得到嗎？改變孩子的性格，最重要的是不要把目標定得太高，要叫一個人的性格作一百八十度的改變，是不大可能的。所以應該朝「修正」的路子，一步一步慢慢修改。

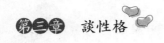

（二）有沒有強求孩子在群體裡扮演超然的角色？

住家附近的家庭水準都不高，小孩的玩伴的言談舉止和遊戲都讓你看不順眼，這時候你要禁絕孩子加入他們嗎？這個問題確實令人頭痛。但是禁止孩子找小朋友玩兒恐怕是行不通的，而要叫孩子在群體裡「超然」，也是不可能的。因為在小孩子的社會裡，一不隨和，馬上會遭到「三振出局」。我們都知道純真的小孩子不懂得甚麼叫「勢利」，不管你的家庭背景多顯赫，不管你是甚麼大人物的子女，你不隨和就會受到群體的排斥。如果父母不希望孩子孤單寂寞，那就姑且忍耐些吧！孩子在外面「野」，回到家照樣可以進行你的家教。五六歲的幼兒再壞也不會玩不良少年的可怕遊戲，頂多說話粗魯些，衛生習慣差些。體恤孩子的處境，不要強求孩子做辦不到的事，才能建立良好的親子關係。

（三）有沒有性急地馬上革除孩子的缺點？

一般說來，小孩子的性格要到長大成人才能定型。已定型的成人，只要有心想改，還是可以改變的。只是「本性難移」這一句話害人，使壞脾氣的大人常常無意改變自己，否則世上有教養的人會多一些呢。

所以父母發現幼兒有了小缺點、小毛病時，不需要太緊張，也不必性急地想在一夜之間把它給改了。因為教育沒有速成法，沒有耐心就不能談教育。偏偏很多父母常常按捺不住，只要看不順眼，開口就罵，可憐的孩子成天挨罵，明明可以改的缺點，也故意不願意改了。所以切記，不可以性急。

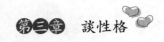

（四）有沒有忘了擺出笑臉誇獎孩子？

一般做母親的對嬰兒都很和藹、慈愛。小嬰兒開始懂事以後，媽媽也會不時地誇獎和鼓勵。可是孩子入了學以後，媽媽的一張臉常常會作一百八十度的改變，罵孩子不趕快寫功課，罵孩子亂丟東西，或是罵孩子成天看漫畫、看電視等等。不罵則已，一罵就沒完沒了。連走路蹦跳，關門聲音大，說話吞吞吐吐等等，過去沒提過的「缺點」，統統搬出來數落一番。

媽媽如果能夠設身處地為孩子想一想，孩子上小學以後，驀然發現自己的能力竟然不如別人的時候，他的傷心和挫敗感會有多厲害！更可悲的是，回到家，親愛的媽咪不但不同情他，還要責罵和奚落他。如果可以反抗，可以發洩，他一定想痛痛快快地大哭一場呢。

我們冷靜客觀地想想看，天天挨罵的孩子情緒低落，做甚麼事都提不起精神，哪兒有心情改正自己的缺點？所以媽媽的表情很重要，笑眯眯地面對孩子，以誇獎來代替責罵吧。越是幼小的孩子，越需要誇獎和鼓勵；你越誇獎，他越想表現得更好，這是教育幼兒的不二法則。

（五）有沒有忘了發掘孩子的長處？

孩子的性格是由很多因素構成的，這些因素包括缺點和優點。媽媽覺得孩子不聽話或不乖的時候，常常只注意到孩子的缺點，而忘了他的優點。

如果媽媽能夠心平氣和地閉上眼睛想一想，然後只睜開看得到優點的一隻眼，暫時緊閉另一隻專看孩子缺點的眼睛，你會發現你的孩子原來挺可愛的。

這時候你針對孩子的優點，說幾句好話誇獎一下試試看，你會發現小孩子受寵若驚，一下子變得好乖好乖，讓你幾乎不敢相信呢。

也許你會奇怪，為甚麼這一招這樣管用呢？答案很簡單，你的誇獎使孩子有信心；他知道自己並非真正一無可取，也知道媽媽還是愛他的。如此先把母子關係建立好，再慢慢引導孩子改正自己的缺點。只有孩子自己願意改，才有辦法改變，否則就應了「本性難移」這一句俗話了。

孩子沒有朋友，怎麼辦？

有些孩子上幼稚園一個學期了，仍然沒個要好的小朋友。自由活動時間，常見他一個人站在一邊，呆呆地看別人遊戲，不會自動加入。做媽媽的知道孩子在外面如此「無用」時，多半很失望也很焦急。

媽媽焦急是很自然的，因為在競爭劇烈的工商社會，父母都希望子女能夠勝過別人，如果孩子畏畏縮縮，連和別人站在一起都不敢，以後要怎樣跟別人競爭呢？

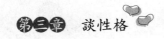

但是父母有沒有想過，你的孩子入幼稚園以前，你給他的是甚麼樣的生活環境？如果是獨生子或獨生女，連個兄弟姊妹都沒有，他根本不知道怎麼跟別人交朋友呢！所以父母先別著急，仔細觀察孩子，看看毛病出在哪裡，再想辦法補救吧。

如果孩子怯生生地，沒有勇氣加入小群體跟別人一起遊戲，可能是缺乏自信，或有甚麼心理障礙。如果孩子笑瞇瞇地旁觀別人玩兒而沒有半點兒畏怯的表情，父母就不用擔心了；那只是他還不習慣跟別人一起玩兒。尤其教養好的父母，為人處事，態度平和客氣，孩子從小耳濡目染，學的是禮讓，在幼稚園裡乍然看到小朋友你爭我奪地搶玩具，搶鞦韆，當然不習慣，只好站在一邊兒當旁觀者了。

父母可以為孩子分析一下，如果原因是後者，慢慢地孩子會習慣。不過也要積極地幫助孩子早日適應，否則一旦孩子對幼稚園生活失去興趣，以後就麻煩了。

方法是請一兩個幼稚園的小朋友到家裡來，讓你的孩子跟小客人一起玩兒，習慣以後，他們到學校也會聚在一起玩兒。另外，互相交換當「小客人」和「小主人」，到小朋友家過夜和留小朋友在自己家過夜，都是很好的訓練方法。對於獨子的教育，父母不能不多花些心思，否則孩子要從哪兒學習「交朋友」呢？

一般說來，能改變的到了小學三四年級的時候就改變了；如果改變不了，那就是他的「個」性。每個人有每個不同的「個」性，父母沒辦法把孩子全改造成理想的「統一標準型」啊！

孩子自私又吝嗇，怎麼辦？

通常老大比較不會有自私或吝嗇的現象。第二個孩子就很容易患上這種毛病，主要原因是有壓迫感。上面有哥哥或姊姊，有好東西只怕輪不到自己；意識裡常常有這樣的警戒心，表現出來的行為自然顯得自私吝嗇了。

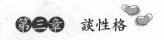

如果你覺得第二個孩子的自私和吝嗇不可思議，你不妨看看別人家的第二個孩子吧，你會恍然大悟：「原來那是老二的通病！」第一個孩子小時候沒有人跟他爭，多半很大方，喜歡幫助別人。

問題是兩個孩子每天生活在一起，隨時都有被比較的機會，老二的「缺點」也就更明顯而讓媽媽擔心了。如果偏巧你的丈夫或婆婆也是自私吝嗇的人，你便會絕望地認定那是「遺傳」。除了搖頭嘆氣之外，也給自己戴上「偏見」的眼鏡，而偏見的度數越來越深，最後變成「偏心」，對待兩個孩子的態度不同了。這樣的媽媽實在應該檢討，不是嗎？

其實吝嗇不大可能是遺傳的。不過自我中心、我行我素，不替別人著想的性格，倒是有點兒天生的。所以要改變孩子的「吝嗇」，應該從天性的特質這方面下手，隨時提醒孩子關心別人，能夠設身處地為別人想，就不會太自私太吝嗇了。

不過這樣的觀念教育還是以身教最有效，使孩子了解施與受同樣能使自己快樂的道理。另一個方法是「以毒攻毒」，找機會安排他跟一個比他更自私的人一起玩兒，讓他去受氣，去領會自私的人的可恨和可惡，也許這是讓他反省自己的好方法呢。

說謊被拆穿也不在乎

發現孩子喜歡說謊，父母一定很懊惱，也很傷心。尤其家境好，教育水準高的家庭，竟然養出會說謊的孩子，父母真要氣壞了。想到孩子說話不可靠，以後聽他說話，要不要懷疑？要不要打折扣？父母只要這麼一想，頭都要暈了。

問題是父母氣也沒用，罵也沒用，冷靜客觀地趕快分析吧。到底是甚麼因素促使孩子說謊？下面幾個答案，也許可以給你做參考。

（一）**現實與幻想混淆不清**——幼兒都是喜歡幻想的。特別喜歡幻想的孩子常常忘了回到現實，而把幻境裡的事說出來，就變成「謊話」了。例如孩子聽

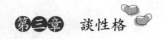

到同學跟父母到國外旅行的種種，心裡很羨慕，便在幻境裡編織自己的父母帶他到國外旅行的種種情景，想得太入神，竟然忘了自己是在幻想，而興高采烈地告訴同學，今年暑假他的父母要帶他到美國玩。這話傳到父母的耳裡，當然很驚訝，他們不明白孩子為甚麼要騙人。

（二）**為了引人注目**——有些孩子生性喜歡引人注目，但是自己卻沒有甚麼突出的表現足夠引人注目。為了彌補遺憾，便瞎編一些不實的謊話，說他做了甚麼了不起的事，來博取別人的稱讚。有的人為了引人注目，故意把話說得很誇張；這種心態大人也有，不過大人知道分寸，小孩子拿捏不準，太過誇張，就變成騙人的謊言了。

（三）**為了逃避責任**——管教過分嚴格的家庭，小孩子不小心出了差錯，總逃不了一頓斥責，甚至毆打。有時候孩子不甘心受委屈，乾脆不承認犯錯。如果發現孩子是因此而說謊，那麼要檢討、反省的就是父母了。忙碌或心情不好的父母，往往忘了問明事情的真象，不分青紅皂白地亂罵、亂打，委屈的孩子怎麼能服氣呢？會編話逃罪的孩子，通常都是聰明的孩子哩。

也有一些孩子，把說謊話騙人當作一種遊戲，主要是想試探自己的頭腦是不是夠聰明。這種遊戲通常不會持續太久，因為他很快會發現受愚弄的朋友會生氣，畢竟得罪人的把戲是玩不得的。

（四）**為了陷害別人**——這是最卑鄙、惡毒，最不可原諒的說謊。這種壞人通常都是大人，一般純真的小孩很少會這麼做。萬一不幸，你發現自己的孩子是這麼可怕的孩子，請先別激動，冷靜客觀地想一想，你的孩子在現實生活裡，是不是受了甚麼嚴重的委屈？以同情的眼睛重新看你的孩子吧。也許為人父母的你，無意識中對孩子有甚麼疏忽呢！

總而言之，處理小孩子說謊的問題，大人生氣、責罵都不是辦法；了解孩子為甚麼說謊的「心理」才是最重要的。父母是孩子最好的心理醫生，能夠診斷出「病因」，自然能夠疏導、醫治；不過一定要有愛心和耐心！

有偷竊習慣

父母一發現孩子有偷竊行為的時候，有的很震怒，有的感到絕望和痛心。其實幼小的孩子「偷東西」是很普遍的現象。例如偷拿妹妹的漂亮色紙，放在自己抽屜裡；或是偷拿姊姊的三色筆，藏在自己的書包裡等等。小孩子看到喜歡的東西想據為己有，別人不給，他就去「拿」來。明明知道遲早會被發現，但是只要暫時屬於自己，他就滿足了。這樣的「偷」，如果是對內（自己家人）不是對外，罵罵他，要他還給原主就沒事了，不需要小題大作地訓誡得太難聽。如果孩子偷大人錢包裡的小零錢，大人也不需要太緊張，暗中觀察孩子偷了錢去買甚麼？也許你認為家裡吃的用的甚麼都不缺，然而小孩子有他們自己的小社會，有他們的社交，也有他們的流行。也許人家常請他吃點兒餅乾，他也得買幾顆糖回敬人家呀。也許社區裡的孩子都在玩紙牌，你禁止他玩那種遊戲，他只好偷你幾個零錢去買紙牌偷偷地玩兒……。像這一類的情事，大人往往無法揣度。下面我們來分析一下，甚麼樣的情形會使幼兒萌發偷竊的念頭。

（一）剛學會買東西，對使用金錢發生濃厚的興趣，卻不善於經營小荷包。媽媽給他的零用金不夠用，他就動歪念頭了。

如果這是孩子偷錢的真正原因，那麼大人就要花心思認真指導孩子「經營小荷包」的學問了。這時候必須灌輸孩子一個正確的觀念，那就是物慾無限，金錢卻有限。在眾多想要的東西裡面，只能選買一兩樣。至於應該怎樣選擇，怎樣做決定，帶孩子到商店去做實地教學吧。大人不能怕麻煩，在小孩子的生活教育裡面，如何使用金錢是人生最重要的一課，這一課教育的成敗將影響孩子的一生，父母怎能不重視呢？

（二）「愛」的飢渴——小孩子對於「被愛」的需求感覺不滿足的時候，也會產生「偷」的念頭。這時候所偷的東西，往往不是他平日極想要而得不到的東西，所以常使父母覺得莫名其妙。

如果你的孩子是這一類型的，你應該趕緊改變對他的態度，以溫和慈愛的聲音來招呼他，給他更多的關愛。留意觀察孩子四周的人，了解孩子在他們小社會裡的人際關係，你會發現孩子對「愛」強烈的需求有多麼的可憐。

（三）家人不計較金錢——有些夫婦不計較金錢，有錢隨便放，要用錢就拿。小孩子看到父母這樣使用金錢，他也學著想用就拿。奇怪的是，大人可以隨便拿，小孩子卻不可以。孩子不懂為甚麼他隨便拿叫作「偷」？

如果你的孩子是這樣的「偷」，你要怎樣向孩子解釋和說明呢？別忘了「身教」很重要，你希望孩子怎樣用錢，你就怎樣用錢吧！

善妒、乖僻

有兩個以上的孩子的家庭，常常會出現一個特別善妒、喜歡鬧彆扭的孩子。尤其有三個孩子的時候，中間那一個最容易犯這樣的毛病。原因很明顯，他感覺受到冷落，父母不關心他也不愛他。問題是父母絕不會承認，自認對待三個孩子是絕對公平的！

的確，沒有父母存心要對待孩子不公平，但是有時候難免會疏忽，只是自己沒有發覺罷了。小孩子的感覺很敏銳，只要你有一點兒疏忽，他就覺得你不公平了。尤其夾在中間的一個，如果平平凡凡，沒有哥哥能幹，也沒有弟弟可愛，自然容易被人忽視或冷落了。

如果你發現孩子有這樣的傾向，下面幾個方法你可以試一試。

（一）誇獎他，刻意對他表示比別的孩子更多的關愛，讓他倒過來覺得你特別偏愛他，他就會有自信，慢慢變得開朗。

（二）稱讚別人的時候，不要忘了順便稱讚他。例如你稱讚姊姊字寫得漂亮時，別忘了順便稱讚他歌喉好等等；稱讚別人家的孩子長得漂亮時，也順便誇他長得白胖討人喜歡等，隨時留意不要冷落了他。

（三）不要拿別人來暗諷他。善妒乖僻的孩子疑心特別重，所以對他說話

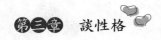

要小心些。例如你說：「隔壁的小美好用功，每天晚上讀書讀到很晚才睡覺。」你那乖僻的孩子可能會噘起嘴來，說你是在間接地罵他貪睡和不用功呢。

（四）跟他單獨相處時，也別忘了多找機會稱讚他，不然他認為你在別人面前稱讚他是「假裝」的，不是心裡真正喜歡他和賞識他。遇到乖僻的孩子，實在不好對付。

固執、任性、不聽話

固執的孩子自我意識強，凡事希望照著自己的想法去做，不喜歡聽人指使。這樣的性格如果往好的方向去發展，那就是「擇善而固執」，將來會很有作為。

一個人所以會固執，就是因為過分自信，這份「自信」是很難得的。問題是小孩子沒有足夠的常識和經驗，沒有能力做正確的是非辨別；如果對於行不通，或根本錯誤的事也要固執己見，那真要讓父母氣壞了。

對付這樣的孩子，最好的方法就是讓他自食惡果，嘗過幾次教訓以後，他自然就學乖了。例如天氣正在轉陰，可能會下雨，媽媽要孩子帶雨具出門，孩子卻不肯。這時候你就隨他，如果真的下大雨，你千萬不要拿傘去接他，就讓他淋著雨回來。萬一感冒了，你頂多花幾百元帶他去看醫生，要打針吃藥，要受身體不適之苦的是他自己，你不需要同情他或心疼他。如此狠下心，讓他自食惡果，以後他就不敢不聽話了。

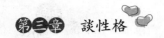

對於固執的孩子，跟他爭辯是沒有用的；因為有時候他明明知道自己理虧，卻要為固執而固執。這時候對付他最好的辦法，就是強迫他接受。把你要他接受的理由說清楚，然後由他自己決定願不願意接受，其他的一概不理。不採取強硬的態度，以後他會得寸進尺，事事都要你讓步。

例如冰箱裡的布丁已經吃完了，他卻說肚子餓想吃布丁。你建議他吃蛋糕或冰淇淋，他不肯，非要布丁不可，並且要你馬上出去買。這時候，如果你真出去買，有一天孩子會被你寵壞的。所以他固執，你不可以讓步。如果他不肯吃蛋糕和冰淇淋，那就讓他餓一餓，反正再餓也餓不死人的。教育孩子要有原則，該橫下心的時候就要橫下心。尤其對待固執的孩子，不「整」他，怎麼學乖呢？

動作慢吞吞

幼小的孩子動作慢，媽媽不容易發覺；因為還小嘛，做事慢是理所當然的。但是上了幼稚園，跟別的孩子一比較，才突然發覺自己的孩子動作比別人慢，這一下子媽媽著急了。怎麼辦呢？

根據專家的說法，每一個人的思考和行動的速度都不一樣，有人節拍快，有人節拍比較慢。快或慢好像是先天的，不過後天的訓練多少可以改變一點兒。

如果做事節拍慢，但是不會出錯，那也沒什麼不好；強行改變，弄出錯來反而更糟。尤其是性急的媽媽成天催著孩子「快點兒，快點兒」，充滿不耐煩的語氣是最要不得的。

想改變動作慢的孩子，唯一的辦法就是鼓勵。慢慢來，媽媽需要極大的耐心。

喜歡欺負別人

在幼稚園裡，常會發現每一個班級裡面，總有一兩個特別喜歡欺負別人的孩子。

通常有攻擊性的孩子可能是心理不平衡，對於某種需求感到極度的不滿足，心中的不平只有以攻擊別人的形式表現出來。如果你的孩子有攻擊性，不妨從這個方向去尋求原因。

另外，大人需要檢討的是，孩子的周遭有沒有這種攻擊性的人？孩子在不良的環境裡耳濡目染，要學壞是很容易的。有的大人脾氣不好，動不動就出手打人，小孩子生氣時也自然會揮出拳頭。父母的行為是子女的範本，身教比什麼都重要。

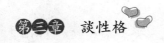

第四章 幼兒反抗期

了解幼兒的反抗心理

過去的人不知道三四歲的幼兒也有「反抗期」，孩子不聽話，便想盡辦法「教」孩子聽話，不允許孩子隨便撒野，隨便亂發脾氣。

現在的父母不同了，他們有了心理學的知識，知道幼兒到了三四歲的時候會有個「反抗期」，因此孩子不聽話，便認定那是「反抗期」的必然現象，任憑孩子發脾氣，鬧彆扭，快把孩子寵上天了。

到底「反抗期」有多久？會出現什麼樣的反抗現象？應該尊重孩子哪一類

「反抗」？哪一類的「反抗」不能讓孩子得逞？這都是現代父母需要弄清楚的。

父母首先要了解，「反抗期」的出現時間因人而異，大體上，兩歲到四歲是行為發展的「第一反抗期」，到了青年期，還會出現一次反抗期，那就是「第二反抗期」。心理學上雖然有這麼兩次「反抗期」，但是有的孩子一直很正常地成長，父母根本不覺得孩子有什麼不對勁。那是因為孩子能夠「自我肯定」，根本不需要做「成長的掙扎」；或是孩子的自我意識不夠強烈，對別人也沒有太多的要求。

「反抗期」會持續多久呢？專家認為四五個月是正常的。如果孩子不聽話的現象持續不斷，那就是教養失敗，父母不能再拿「反抗期」作為藉口而不認真檢討管教孩子的得失了。

為什麼幼兒成長到三歲左右的時候，會突然變得不講理不聽話呢？那是因為身體和心智要發展到一個新的階段。這時候身體和精神的狀態是：

（一）身體四肢的發育已達到能夠運作自如的程度，想做什麼都可以做。

（二）精神上有「自我」意識，想強調「自我」的存在。

（三）「判斷力」未成熟，不能正確地指使自己的身體和精神做正確的事。

上面三個因素，很容易引發幼兒的「反抗」心理和行為。因為孩子的身體已經有自由行動的能力，當然希望試著照自己的意思行動。偏偏他們的判斷力還不成熟，所以常提出不合理的要求使父母頭痛，也會做出不可做的事，使父母惱怒，真是糟透了。

更可怕的是，他們撒起野來躺在地上哭鬧，讓大人受不了。有時候他們會使出「以牙還牙」的絕招；你不讓他「如意」，他也不讓你「如意」——推翻你給他養成的吃飯、排泄等良好的生活習慣，故意尿濕褲子，故意打翻東西，或是故意把你洗好的衣服弄髒等等，壞主意可不少。有時候倔強起來也會讓大人哭笑不得，明明不是幼小的他能夠做得了的事，他也要做，而且不要旁人幫忙。例如不自量力地要搬動一件很重的東西，又不許別人幫忙，媽媽怕他砸了腳受傷，他卻固執地非要搬不可。

像這一類的事情，真要教媽媽氣得跳腳。也許換了別人來勸說，他可能會聽話，唯獨對媽媽不會讓步。原因很簡單，媽媽是世上最寬容的人，即使他不聽話，媽媽還是愛他。

幼兒對媽媽的愛有信心，才敢放心「反抗」。倒是媽媽常為幼兒的「反抗期」而失去教育孩子的信心，實在可笑，不是嗎？

技巧地導引孩子度過「反抗期」

「第一反抗期」對一個孩子的性格塑造有很大的影響。懂得教育的媽媽會掌握這一段最難纏的時期，給孩子做積極的導引，而不會束手無策地期望「反抗期」趕快過去。

那麼，要怎樣對付那些不講理的孩子呢？

（一）把他當小動物看待，穩定自己的情緒，不要動怒。

（二）不要以為孩子過去很聽話，現在耐心地跟他講道理，一定能說服他。我們要知道，反抗期的幼兒是有理說不通的；不是你讓步，就是強逼孩子讓步。可以使用哄騙的方法來解決問題，但是不能妄想孩子會聽你的說教。

（三）為了培養孩子的自我肯定能力，不能每次要他屈服，但是也不能每次讓他得逞。在軟硬兼施的彈性中，讓孩子感覺到這個世界不是好對付的，但是如果能夠忍耐，也有戰勝的機會。媽媽要扮演有時輸有時贏的角色，必須多花一些心思；對於過去自己定的「教育孩子的原則」，必須暫時拋開，而以較大的彈性來處理問題。

（四）好不容易給孩子訓練好的良好生活習慣，這段時期會遭到破壞。媽媽雖然心裡著急，但是千萬別懊惱。孩子故意尿濕褲子讓你生氣，如果你真的生氣，不是上了他的當嗎？「隨他去」才是高明的對付方法呢。因為孩子得不到預期的效果，他會感覺沒趣，自然不會繼續演那沒人搭配的獨角戲。過一段時間，再重新訓練，很快就可以恢復原有的良好習慣，所以媽媽不需要著急。

（五）上面所提「哄騙」的方法，需要一點兒智慧和技巧，最簡便的方式就是「轉移思緒」。例如孩子吵著非要穿一件已經被你扔進洗衣機泡肥皂水的藍衣服，否則不肯上學。這時候你不要生氣，也不要跟他講理，趕緊想個能引起他興趣的話題，說：「小美，再過兩天就是禮拜天了，爸爸要開車帶我們去『小人國』玩兒，小美想帶什麼點心和水果？晚上你陪媽媽到超級市場去買好不好？」我相信孩子一定眼睛發亮，高興地說：「我要帶泡泡糖、水壺、牛肉乾……。」他的思緒被轉移到郊遊的準備上面，自然忘了剛剛他正在鬧甚麼了。你一邊跟他認真地談，一邊幫他穿衣服，至於穿了哪一件衣服，他也不會在乎了。

像這樣的小技巧，媽媽只要肯用心思，隨時都能想出來的。

（六）如果你決定這次要強迫孩子讓步，用什麼方法呢？這時候媽媽所需要的不是智慧，也不是技巧，而是修養和耐心。因為你必須把穩自已不動怒，冷靜地旁觀孩子哭鬧、撒野，等他哭鬧夠了，自然會疲倦地就地睡著，睡醒就什麼都忘了。反抗期的幼兒本來就是這樣莫名其妙的。如果媽媽無法忍受孩子的哭鬧，最好的辦法就是把他當作小嬰兒。回想一下，孩子在嬰兒期不是時常哭得叫你手足無措嗎？當你怎麼哄他抱他都無法止住哭聲時，你不是洩氣地說一聲「哭也是一種運動」，而隨他去哭嗎？重拾那時候的心情，你就可以忍住要爆發的怒氣，不理孩子，而不致又打又罵，給孩子留下「媽媽像巫婆」的壞印象。

先輸後贏

幼兒的反抗期不會持續太久，鬧得最厲害的時間頂多半年，以後就會慢慢恢復「正常」了。不過所謂「正常」，當然不是母子之間沒有任何爭執，而是爭執的程度和內容比較合理。如果媽媽不會分辨，把孩子的每一項要求都認定為反抗期的延續，任憑他無理取鬧，那就大錯特錯了。

我們都知道幼兒每天都在成長，反抗期可以說是成長的掙扎，經過這段過程才變得更成熟，了解有些事必須壓抑自己，不能予取予求。這樣的自我控制能力如果不在「反抗期」學好，以後就很難適應複雜的社會生活了。

換句話說，有「反抗期」才有學習機會，孩子不提出無理的要求，哪有機會了解人類的社會是不能予取予求的？乖順、不鬧「反抗期」的老實孩子沒有機會磨鍊，會變得缺乏「個性」；凡是沒有意見的人不見得好，不是嗎？

「反抗期」雖然讓媽媽頭痛，但是就好像孩子學走路一樣，在你看到孩子自力邁出第一步時，你一定為孩子的進步感到喜悅、興奮。同樣地，你發現孩子開始進入「反抗期」的時候，你也應該為可以預期的「反抗期」過後的進步和成熟，感到高興。

剛開始的時候，你可以盡量扮演「輸家」，好讓孩子興高采烈地繼續玩「試驗自己本領」的遊戲。不過玩到某一個程度，你就要開始扮演「贏家」，好好兒地贏他幾個回合了。這場母子鬥智也鬥氣的遊戲好比相撲比賽，對方想盡辦法要摔倒對方，卻不是一件容易的事；勝負不可預測的比賽才有看頭，才有趣。媽媽如果能夠以如此輕鬆的心情來面對幼兒的「反抗期」，那就沒有甚麼好氣惱的了。

第五章　罵的技術

越幫越忙，闖了禍要不要罵他？

幼小的孩子喜歡幫媽媽做事，但是多半越幫越忙。叫他不要端盤子，他偏要端，結果把貴重的盤子摔破了。孩子的動機是好的，結果卻闖了禍。遇到這樣的情形，媽媽到底可不可以罵孩子呢？如果是大家庭，媽媽主張要罵，奶奶卻反對；一個正在罵孩子的時候，另一個搶著替孩子抱不平。這樣的家庭會使孩子不知何所適從，道德觀無法建立，所以這個問題很值得大家一起來探討。

孩子做錯事的時候，大人第一個要分析的是「動機如何？」然後是「結果如何？」

重視「動機」的人認為孩子要幫媽媽端盤子，動機是純良的，當然不應該罵孩子。重視「結果」的人認為不要他幫忙，他偏要幫，結果損失一個貴重的盤子，孩子「不聽話」，當然應該罵。

心理學家告訴我們，對待幼小的孩子應該重視「動機」，隨著孩子的長大，再慢慢讓孩子了解「動機」和「結果」之間的關係；明明可以預知「失敗」的結果，卻偏偏要去做，做壞了就要負責，並且接受懲罰。不然孩子以動機純良為藉口，任意闖禍，那就糟了。

父母會不會教養孩子，關鍵就在會不會由「重視動機」轉為「重視結果」。不善於移轉的父母，定不出明確的行為標準，孩子也就不容易分辨甚麼事可以做，甚麼事不可以做了。

因為小孩子自己沒有一定的行為標準，他們要分辨「好」「壞」，完全看父母的反應來認定。如果父母誇獎他，那就表示他做對了；如果罵他，就表示他做錯了。幼兒喜歡受人誇獎，因為誇獎正可證明愛他；為了獲得更多的愛，他會努力去做能夠得到誇獎的事。就拿上述那個幼兒要幫媽媽端盤子的例子來說，他以為幫忙會得到媽媽的誇獎，都沒想到結果會變成砸破盤子。他的失敗是因為不會估計自己的能力，所以媽媽應該原諒他。不過，失敗的經驗會使孩子明白自己的能力，聰明的孩子不會一而再，再而三地重複同樣的錯誤。所以，以後再遇到類似的情形，就不能以「動機論」原諒他，而要他對失敗負責了……代價是挨一頓罵。

永遠以孩子還小，不讓孩子對失敗負責的教養方法，會培育出甚麼樣的孩子呢？他可能很愛做事，但是對於所做的事不負責。他可能很愛幫別人的忙，但是常常幫了不該幫的忙。想想看，如果家裡出了這麼一個魯莽的孩子，不成了問題青少年嗎？

教養幼兒要非常用心，該不該罵孩子也需要學問哪。

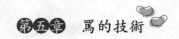

以金錢鼓勵孩子好不好？

給金錢是獎勵孩子最方便的方法。到底以金錢鼓勵孩子的方式，有甚麼利弊呢？

我想，不管是口頭上的誇獎，或是金錢的獎勵，目的都是要讓孩子感覺幸福和快樂。

如果從這一個觀點來看，金錢對幼兒是沒有意義的。因為他們自己不會用錢，給金錢不如給一樣點心或玩具來得實惠。我認為對幼兒的獎勵，應該偏重精神方面的，例如牆上貼一張「功過表」，有好的表現時在表上畫圓圈，有過失就打××，一個圓圈換一個額頭上的響吻，晚上上床睡覺時由爸爸或媽媽「頒獎」。這樣從小培養孩子的向上心和榮譽感，相信比物質的獎品更能使孩子感覺幸福和快樂。

孩子稍大以後，對金錢的需求會跟著增加，實質的金錢獎賞要比口頭上的誇獎，更能使孩子感覺到滿足和快樂。這時候，金錢的獎賞對他們產生很大的誘力，誘使他們努力讀書，努力幫忙家事，以換取金錢。

問題是，這樣的獎勵方法有時候會讓孩子發生錯誤的觀念——努力工作只是為了報酬，沒有報酬就不肯努力，也不肯工作了。即使沒有這樣的錯誤觀念，也會養成一種習慣——沒有報酬就提不起精神來工作。

所以很多人不贊成用金錢獎勵孩子，主張灌輸孩子「努力和工作」是應該的觀念，因為這是做人的基本原則。尤其幫媽媽做家事也要拿錢，怎麼能培養「孝親」的觀念？反對的人把問題看得很嚴重。

我當然不贊成把孩子養育成現實主義者。不過，幫父母做家事是不是等於盡孝，不能一概而論。過去在農業社會，做家事是一項很吃力的工作，孩子看母親額頭上滲出汗珠，手掌上長出厚繭，自然會伸出援手，那是出於孝心的表現。現在的母親做家事不像從前那麼辛苦，我們能怪孩子沒有孝心，不肯幫忙嗎？所以現在的父母鼓勵孩子做家事，重點應該放在培養勤勞的習慣上面，那麼用金錢來鼓勵，並沒有甚麼不對。從小培養孩子以工作換取金錢的觀念，西洋人就是這樣做的。

雖然這是對小學以上的大孩子來說的，但是這個問題很重要，所以我提出來談一談。過去，我用給錢的方式鼓勵孩子做家事，「價錢」是配合孩子的儲蓄和購物計畫隨時可以調整的。例如孩子想買一個價值八百元的機器人，如果靠儲蓄，要等三四個月才能買，我就自動調高幫做家事的單價，讓他能夠提前買到心中渴望的機器人。那一陣子，孩子變得很勤快，連我手上正在做的家事，也要搶過去做。雖然目的是為了賺錢，而不是對我盡孝，但是我不傷心，我認為教孩子靠自己的能力賺錢買自己想要的東西，是很重要的觀念教育。至於「孝道」要怎麼教，我相信除了讓孩子幫忙做家事以外，還有很多途徑。

處罰過重，事後要不要向孩子道歉？

很多媽媽對孩子生起氣來，常常兇巴巴地控制不住自己，有時候忍不住出手就打。許多媽媽事後都會後悔，但是為了保持尊嚴，又不好意思向孩子表示歉意。

如果處罰孩子確實過重了，要不要向孩子道歉呢？

我想，對待幼小的孩子不需要形式化的口頭道歉，以實際的行動——摟抱——來表達就可以了。幼兒最怕的是媽媽不愛他，這時候媽媽的摟抱和愛撫，對他是最大的安慰和保證，即使是再大的委屈，他都會忘得一乾二淨，乖順地躲在你的懷抱裡，享受你給他的愛。

通常幼兒是不會記恨的，但是動不動就挨打、挨罵的孩子，會變得神經質，對自己失去信心，所以做媽媽的必須穩住自己的情緒，不可以拿孩子當出氣筒。

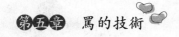

萬一發錯了脾氣，打錯了孩子，趕快摟緊孩子，陪孩子一起哭吧。然後做一件平日孩子很渴望，卻不容易實現的事，好好兒地彌補孩子。例如允許他賴在你的床上睡到天亮，或是允許他吃巧克力吃到吃不下為止。這樣縱容他一下，他便能充分領會你的歉意，而絕不會記恨你了。這樣的母子「言和」方法很多，但是絕不能濫用；用的次數太多，會由補償變成溺愛。所以媽媽把穩自己最要緊，要教育出健全的孩子，自己怎能不健全呢？

孩子一罵就哭，怎麼辦？

有個五歲的小男孩，只要媽媽輕輕罵他一句，眼淚就掉下來了。他很拍挨罵，卻又繼續犯同樣的錯，這樣的孩子要怎麼對付？可以不可以常罵他呢？

通常輕輕一罵就哭的孩子會惹媽媽更生氣。但是媽媽也不要因為孩子哭而罵得更兇。有些孩子特別愛哭，大人也一樣，有人動不動就哭，有人很少掉眼淚，這方面的個別差異是很大的。

也有媽媽看到孩子哭就心軟，不忍心罵孩子，這也是不對的。如果孩子懂得自尊自愛，挨過一次罵以後，馬上痛改前非，絕不犯第二次錯，那就可以少罵些。如果挨罵時哭得好傷心，卻一而再，再而三地犯錯，那就不要管他多麼愛哭，也要罵他。因為這樣的孩子會利用眼淚當武器，他哭不是因為後悔，而是為了阻止你罵他，你怎麼可以上當呢？

當然，孩子哭起來又吵又鬧，真是叫人心煩，但是該罵的時候還是要罵。有時候可以大喝一聲「不許哭！」來嚇阻他，因為孩子的「哭」有消除緊張的作用，一哭就把你罵他的「效果」給消除了。罵孩子要簡短、乾脆。有的媽媽罵孩子像唸經一樣，嘮嘮叨叨唸個沒完，那是最差勁的罵法。要罵孩子的時候，先想好句子再開口吧。給孩子留下深刻的印象，他才會記得下次不再犯錯呀！

體罰無效嗎？

現代的父母明明知道不可以體罰孩子，但是生起氣來常常忍不住出手打孩子。也有一些爸爸認為體罰對頑皮的小男孩很有效，說自己小時候就是挨打長大的。到底體罰有沒有效果呢？如果夫婦倆一個主張體罰，一個反對，那就有得吵了。為了管教孩子的態度、想法不一致而吵架的夫婦真不少呢。

要探討這一個問題以前，我們先來聽聽孩子們怎麼說吧。曾經有人對日本的小學生做過一項有趣的調查，結果顯示小孩子寧願挨罵或被冷落，而不喜歡被人擰一下屁股。

調查的結果，最討厭的懲罰方式依序為：

（一）擰屁股　九二％

（二）打耳光　八五％

（三）罰站　八二％
（四）教訓　八二％
（五）冷落　七六％
（六）大聲斥罵六一％
（七）罰清掃　五九％
（八）怒視　三九％

從孩子們的反應，我們可以了解他們十分厭惡受體罰。

其實，管教孩子落到非使用體罰不可的地步，恐怕不是孩子天生頑劣，而是父母太差勁了。有修養、有耐心的父母，應該能想出其他的方法，而不會使出原始的反射動作——打人。

不過「打」確實有立竿見影的效果，性急的大人想要孩子馬上停止壞的行為，只要一巴掌揮過去，不但立即見效，自己也可以消氣，所以體罰一直無法禁絕是情有可原的。

問題是小孩子的「適應力」很強，從小挨打慣了的孩子，不會覺得太羞辱，連皮肉疼痛的感覺也會變遲鈍。對體罰已經「麻痺」的孩子，再打也不會有甚麼效果了。如果父母能夠冷靜客觀地想到這一層，也許會懶得打孩子吧！

專家告訴我們，幼兒三歲以前絕對不適合體罰。因為這麼稚嫩的孩子，即使挨了打也無法了解挨打的原因；所以挨打對他只有恐懼，而沒有嚇阻的作用。這樣不是白打了嗎？

懲罰幼兒不需要那麼直接地讓他承受皮肉疼痛，罰他做一些他不喜歡做的事吧，這一個方法對幼兒十分有效呢。

得意忘形而闖禍，要不要罵他？

有的小孩子小小年紀就顯得穩重沉著，有的卻毛毛躁躁，有人稍微誇獎他，他就得意忘形地揮舞手腳，不是打翻牛奶，就是摔破杯子。這樣的孩子叫父母笑也不是，罵也不是，實在頭痛呢。

通常，這種小孩內心多半是寂寞的。他好不容易得到別人的誇獎（等於受到重視），興奮過度卻闖了禍，他的內心一定自責得很厲害，所以不要罵他。他那深藏內心的「寂寞感」，需要你去同情和關懷呢。

幼小的孩子非常需要父母的愛，我們要讓他感覺父母絕對愛他，他才能放心。怎麼樣在「愛」和「管教」之間不偏不倚地讓孩子快快樂樂成長，實在不簡單。不過父母可以根據一個信念來教養孩子，那就是多誇獎，少指責。世界上沒有一個小孩子不喜歡別人誇獎的！

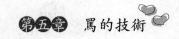

第六章 幼兒性教育

充滿刺激的社會環境

聽說現在有很多小孩子剛入幼稚園就找異性朋友，被人「愛」上的異性朋友，不可以隨便「愛」別人；溜滑梯、騎車、玩積木等都要出雙入對，在一起玩。如果有人不識相，牽了別人「女朋友」的手，馬上會遭到同伴們的嘲笑，有時候男主角還會出手打人呢。有個幼稚園老師搖頭嘆氣說，太可怕了！教幼稚園竟然還要忙著為學生排解感情糾紛！說完了哈哈笑個不停。

我一直不相信五六歲的幼童會這樣，但是幾個姪子輩兒的年輕媽媽向我證實了確有其事，說她們的孩子常常不小心說溜了嘴，說我的男朋友或女朋友如何如何。

儘管小孩子本身自認為他們「談戀愛」談得多麼的正經、認真，在咱們大人的眼裡，不過是「辦家家酒」罷了，所以沒有甚麼值得大驚小怪的。幼童小社會裡的事，大人最好不要插手干涉，他們有自己的語言和流行遊戲，如果咱們希望自己的孩子在群體裡受歡迎，那就不要強求孩子「獨善其身」。也許幼童玩配對的戀愛遊戲，你無法接受，但是你想想，咱們的孩子從略懂人事，就天天聽、天天看那些你儂我儂的電視愛情劇，他們自然會學，並且當成一種遊戲玩起來。整個大時代的趨勢是這樣的，誰有能力阻止呢？

我們應該關心的不是要不要阻止幼童玩戀愛遊戲，而是如何教導小孩子正確的性觀念。因為現代的小孩子隨時都有可能在螢光幕上看見「床戲」；即使在自己家裡看不到，也難保在朋友家裡不會無意中看到。因為坊間錄影帶充斥，怎麼防範呢？日本的周刊雜誌上常刊登初中小女生懷孕的新聞，對方是同樣無知的高中男生。他們有的根本不是不良青少年，只是好奇地玩起大人的遊戲，不小心就玩出大麻煩了。為了未雨綢繆，我們不能不像西洋人一樣，重視所謂的「幼兒性教育」，好好準備如何回答孩子問你的尷尬問題了。

幼兒的性別觀念

提起幼兒的性教育，每個媽媽都會想到，如果孩子問你，小嬰兒是從哪兒生出來的？你要怎麼回答呢？

其實媽媽不用緊張，通常幼兒提這問題，頂多問你一次，不會問很多次的。那僅有的一次，如果你回答得恰當，這個問題就結束了。

因為幼兒提這個問題，並不代表對「性」的好奇，這跟思春期的「大孩子」是完全不同的。

幼兒在三歲以前，通常沒有性別觀念；分辨男女，是根據服裝和髮型分辨，不會注意到身體的特徵。行動舉止也一樣，幼兒根本不會意識自己是男是女，喜歡做甚麼就做甚麼；男孩子喜歡玩家家酒、抱洋娃娃，女孩子喜歡玩槍戰等，他們自己不覺得有甚麼不對呢。

滿三歲以後，孩子漸漸會發覺人類有男女之分，而自己是男或女也能分辨以後，他便開始性別角色的認同：男孩子心裡想玩洋娃娃，也會忍耐著或是改成打球，玩槍戰；女孩子明明喜歡孫悟空，也要盡量學觀世音。

到了四五歲的時候，有一段時間幼兒的性別意識會特別強烈，甚至為性別而拘泥起來。例如他們認為紅色與粉紅色是女孩子的顏色，藍色與黑色是男孩子的顏色，所以小時候常穿紅色襯衫的男孩子，突然不肯再穿了。在幼稚園裡，玩積木或彩球的時候，女孩子總會挑紅色和粉紅色的，男孩也都挑選「男生的顏色」。有的孩子連吃巧克力糖，也要選包裝紙的顏色呢。這一段時間，就是媽媽給孩子「性別教育」的第一步。告訴孩子，雖然男女有別，還是有很多的「共同點」。所以女孩子不要天天只抱洋娃娃，辦家家酒，也要引導她玩玩戶外遊戲；

女孩子不學勇敢和冒險，怎麼能適應「男女共事」的社會呢？男孩子也一樣，現在的男性不會做家事，恐怕女孩子不會答應嫁他呢。

要給孩子正確的性別觀念，父母就要恰當地扮演男性和女性的角色給孩子看，因為孩子的性別角色，是向最親近的父母直接認同的。如果爸爸對待媽媽不溫和，兒子在外面對待女生也不會溫和；爸爸對媽媽說話像發命令，兒子要媽媽幫忙，也會不客氣地大吼大叫。你希望兒女將來變成甚麼類型的男人和女人，父母先扮演給孩子看吧。身教比甚麼都重要，父母在要求孩子以前，先要求自己吧。

小嬰兒從哪兒生出來？

通常小孩子不會想到自己是從哪兒冒出來的。不過在媽媽懷孕，要生弟弟或妹妹的時候，他們就開始對媽媽的大肚子發生興趣，他會問媽媽，小嬰兒要從哪兒生出來？

如果問這話的孩子是七八歲的小學生，媽媽可以很自然地說：從尿尿旁邊的地方生出來；那兒有一條專門生孩子的路，像橡皮管一樣，平時縮得緊緊的，到了小嬰兒要出生的時候，就會自然撐開，讓小嬰兒從媽媽肚子裡滑出來。其他的事，等你更大的時候媽媽再告訴你。孩子聽說從「下體」生出來，也許會說一聲「好髒喔！」而皺起眉頭。這時候你不需要再說甚麼，孩子不會繼續發問了。

如果發問的是三四歲的幼兒，就不用說得那麼詳細，簡單地回答說，從「肚子下面鑽出來」就可以了。告訴孩子，等他大一點兒，媽媽會告訴他。幼兒一定會點頭，因為媽媽不是不肯告訴他，而是「以後」才告訴他。三四歲的幼兒習慣聽這樣的回話。例如幼兒問媽媽為甚麼天會下雨？媽媽只要說，因為天上有雲，雲變成雨就掉下來了。如果再問為甚麼雲會變成雨，媽媽只要回答：「等你大一些，媽再告訴你。」

本來幼兒的理解力有限，說一大堆科學理論他也不了解，所以給他一個正確的概念就可以了。

看到狗在路邊交尾

媽媽帶孩子在路上走，有時候會碰上兩隻狗在路邊交尾的場面。通常孩子都會驚訝地大聲呼叫說：「牠們在幹甚麼？」

大多數媽媽都會拉著孩子急步走開，說：「不要看！」問題是媽媽奇怪的態度會引發孩子更大的好奇，因而緊逼著問：「為甚麼不要看？」並且頻頻回過頭去看，媽媽臉都脹紅了。

其實媽媽不需要太緊張，坦然地告訴孩子，牠們在「製造」牠們的小嬰兒就可以了。順便告訴孩子，動物都是這樣「製造」小嬰兒的，然後把話題轉到別的事情上面去。孩子不追問，就不需要自動加上更多的說明。

如果孩子問起人類如何製造小嬰兒的問題，媽媽也不用緊張，只要輕輕鬆鬆地回答：「不大一樣。等你更大一點兒，媽再告訴你。」孩子很單純，不可能問得太複雜。

過去，媽媽喜歡告訴孩子說：「男的和女的結婚，天上的神知道他們相愛，就會賞給他們可愛的小嬰兒。」對於充滿幻想的三四歲幼兒，這樣的說法會使他們很高興。

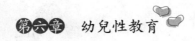

不過孩子到了小學三四年級的時候，他們漸漸了解動物與植物的繁殖過程，當然不再相信「天神送子」的神話了。如果他們想探究人類繁殖的過程，我們可以使用比喻的方法，說，男性和女性的身體裡，有一種像植物的種籽一樣的東西，男女結婚以後想要孩子，就把兩人的「種籽」合起來，小嬰兒就在媽媽的肚子裡慢慢地成長了。

也許孩子會問你，兩人的「種籽」要怎麼樣合起來呢？心理學家說，可以坦白地告訴孩子：「男孩子變成大人以後，尿尿的地方會變成輸送『種籽』的工具。想要孩子的時候，把它放入女性的體內，他們的『種籽』就會合起來。」如果孩子還有疑問，就說等他長大成人再告訴他。就此把話打住。

當然答話沒有一定的公式。因為不知道孩子會在甚麼樣的情況之下問這一類的問題。總而言之，動動腦筋再技巧地回答吧。大人態度要自然，沒有甚麼好尷尬的。

把握原則回答問題

回答幼小的孩子有關「性」的問題，父母多半會覺得難於啟齒。現在我們來探討一下，應該以甚麼樣的態度來回答才恰當？

（一）避開話題，罵孩子說：「小孩子不要亂問！」或以厭惡的口吻說：「閉嘴！」像這一類嚇阻的方法千萬使不得。因為從小把「性」當成神秘或醜惡、骯髒事的孩子，成人以後沒有辦法改變「先入為主」的錯誤觀念，因此形成性生活障礙的實例很多，所以父母應該理智地回答問題。

（二）「現在說了你也不懂，等你更大些，媽媽會告訴你。」這是很好的緩衝辦法；雖然像是逃避，卻不是完全的迴避，因為留了「後路」。有了這樣肯定的回答，小孩子就不會再繼續問下去了。不過這要到最後才可以使出這一招，如果一開始就用這樣的口氣堵孩子的嘴，他們當然不會服氣，所以大人必須動腦筋先給孩子一個籠統的概念，保留「下文」，否則小孩子不會停止發問。

（三）關於「性」的用語，人類社會長久以來習慣使用不雅、甚至噁心的字眼來表達，這是我們這一輩的「新父母」希望能改正的。用語不雅，怎麼能正正經經地和孩子談「性」的常識呢？尤其是影射性行為的罵人的話，希望從我們這一代絕跡，否則無法建立健康的性觀念。改善社會風氣，就由咱們知識分子開始吧！

（四）「天神送子」的說法，對幼兒可以放心使用。我認為幼兒不懂得「良知」，沒有甚麼力量可以牽制他們的行為，所以姑且讓他們相信頭頂上有「神」吧。鼓勵孩子做乖寶寶，說頭頂上的神看見了會很高興，讓他變得更聰明，更漂亮；相反的，做壞事被頭頂上的神看見了，也會罰他摔跤或變成醜八怪。這樣哄孩子，他們很願意接受。因為幼兒喜歡幻想，願意相信他要是乖乖聽話，天上的神會送一個小弟弟或小妹妹給他作伴兒。如此美麗的神話，幼兒都喜歡聽呢。

孩子的「怪異」行為

有些孩子喜歡做白日夢。在幼稚園，大家都專心地聽老師講故事，他卻一個人傻愣愣地直著眼睛，或是把手伸到內褲裡，樣子很像成人的「自慰」行為。

也許老師發現了會覺得孩子不正常，媽媽知道了一定覺得事態嚴重。其實這跟「性慾」沒有半點關係，只是孩子的心靈空虛，個性過於內向，不像一般孩子那樣喜歡活動，喜歡遊戲。這跟吸手指，咬指甲，抱毛毯的習慣沒有甚麼兩樣，所以父母不需要把問題看得太嚴重；努力引導孩子尋求生活的樂趣才是最要緊的。如果你的孩子時常受到冷落，父母更應該反省。再忙，也不能不留點兒時間陪伴孩子。

在幼稚園裡，常有調皮的男生喜歡掀女生的裙子。也許老師會猜想，這樣的男生是不是有不正常的家庭背景，而懷疑孩子的父母的關係。其實幼兒這一類的惡作劇，多半沒有甚麼特別的動機，只是因為好玩掀起女生的裙角，沒想到女生竟然緊張兮兮地尖叫！於是小男生發覺「掀裙子」是戲弄女生的有趣方法，就好像按下電鈕會發出電鈴聲一樣，百試不爽，也就越玩越起勁。本來小孩子的世界就是這麼單純，大人不需要想太多，趕緊想另一種更有趣的遊戲來代替「掀裙子」遊戲，事情不就結了嗎？帶孩子的確需要耐心，也需要童心呢。

還有一些調皮的男生，學著電視劇對女生親吻，也會引起大騷動。孩子回家告訴家長，也許有家長會緊張地跑到幼稚園去抗議，請老師「整肅」可怕的風氣。

其實這跟掀裙子的遊戲一樣。幼兒模仿力強，學電視對喜歡的女生親吻，可能覺得很有趣，也可能覺得自己很聰明呢。孩童多半是天真無邪的，雖然「暴露色性」的社會環境教人擔憂，但不至於污染到幼兒世界。在幼兒期只要給孩子正確的性別觀念，知道自己是男是女就夠了。如果對其他的事感到好奇，就說等他們長大再告訴他們。不管他們在幼稚園裡玩甚麼配對的戀愛遊戲，大人都不用緊張，那純粹是幼兒的模仿和遊戲。不過大人要注意提供更多更有趣的遊戲，多陪孩子，常帶孩子到戶外活動，不讓孩子成天看電視，他們就不會玩那些讓你看不順眼的遊戲了。

第七章　入學前的心理準備

讓孩子有勇氣離開家和媽媽

上幼稚園對幼兒來說，是生活的一大改變。因為孩子打從脫離娘胎降生到人間以來，一直寸步不離地跟在母親或保姆身邊，過著隨時有專人看顧和保護的生活。但是從上幼稚園那天開始，就要離開媽媽或保姆，在她們視力所不及的地方，跟一些陌生的小朋友和老師一起相處大半天。想想他們驟然間遭到如此大的改變，心中必然有大的恐慌，所以上幼稚園以前，應該先讓他們有個心理準備。

例如，講一個「母雞帶小雞」的故事（最好是看著圖畫故事書講），讓孩子明白，每天跟在母雞身邊撒嬌和受保護的小雞，學會了自己覓食和保護自己以後，母雞就下令他們自己獨立生活。不聽話的，母雞就啄牠，驅逐牠，甚至橫下心獨佔食物，不分半點給小雞吃了。剛開始的時候，小雞一定很傷心也很惶恐，但是勇敢地離開媽媽以後，牠會發現有能力自己覓食，有膽量自己走遠，是一件非常值得驕傲而快樂的事。尤其跟一些和自己同樣大小的朋友在一起，可以玩很多遊戲，做各種有趣的比賽。盡量渲染、強調小雞離開媽媽以後的快樂，以及新環境的新奇和好玩，使孩子對即將入學的幼稚園，有個美好的憧憬，他就不會感覺不安了。

不過現在只有一個或兩個孩子的小家庭，離不開的往往不是孩子而是媽媽。很多不上班的純家庭主婦，把全部心思和時間、精力都放在照顧幼兒的工作上面，看到孩子要離開自己，臉上不自覺地表現出十分不放心的表情。這樣的媽媽應該學母雞「啄」小雞的理智，否則自己表現得難分難捨，怎麼教孩子不哭哭啼啼呢？

學習新的人際關係困擾多

送孩子上幼稚園，最主要的是要讓孩子學習跟自家人以外的人相處。本來人際關係是一門不容易學好的學問，不過自家人之間縱的關係，總比外面朋友之間橫的關係簡單容易得多。因為在縱的關係裡，對於比自己大的上面人，只要乖順、聽話和討好，一切就沒事了；對待比自己小的弟弟或妹妹，只要大方地讓著點兒，必要的時候袒護他們，就是好哥哥、好姊姊了。可是在橫的關係裡，大家的立場一樣，權利也相同，沒有必要服從或巴結別人，也沒必要袒護別人和讓人。問題是站在同一條線上的同輩朋友，有的能力強，有的能力差，強的要指使弱的，弱的不服氣，就形成各種糾紛和爭執了。而且爭執不一定來自弱者的不服從，有時候強者也會認為領導別人是吃力不討好的事，為甚麼自己不舒舒服服受人保護，而要辛辛苦苦去保護別人？心裡這麼一想，也覺得自己受委屈了。

不管你的孩子在群體裡是強者或是弱者，都要學習領導和服從。在長幼有序的家庭裡，服從上面和領導下面都是理所當然的，心理上沒有「甘心不甘心」的問題，但是在同輩的生活圈子裡，這個問題往往會形成心理障礙，他們必須經過一番掙扎和調整才能慢慢地適應。這麼不單純的「人際關係」，一進入幼稚園馬上就要面對，對稚嫩的幼兒來說，這項學習是相當吃重的。如果媽媽發現孩子要入學時高高興興，但是沒幾天就哭喪著臉不肯上學，請不要罵孩子，冷靜地設身處地為孩子想一想吧。能了解孩子的感覺，你就不忍心責怪孩子，而會體貼地安撫孩子了。

媽媽的話影響孩子對幼稚園的印象

「快上幼稚園了，還這樣不聽話！不乖一點兒，老師小朋友都不會喜歡你。」

我想每個媽媽都這樣嚇唬過孩子吧。

如果孩子膽兒小，他可能會對即將入學的幼稚園產生恐懼感，認為幼稚園一定是個嚴肅又不自由的可怕地方。孩子的想像力豐富，把未來的幼稚園想像成可怕的地方，以後怎麼可能喜歡幼稚園生活呢？

本來三四歲的幼兒，心智還不成熟，無法很順利地適應團體生活。真正能夠適應的年齡是六足歲左右，也就是國家規定的小學入學年齡。因為正常的孩子到了這個年齡的時候，心智已經成熟到：

（一）離開家或母親幾個鐘頭，也不會覺得害怕。

（二）對自家以外的人，開始感覺到興趣。

（三）能夠自己處理自身的事（生活習慣的自立）。

（四）被指定要做的事，會記掛著要做好。

所以新入學的小學一年級新生，很少有適應困難的情形發生，而幼稚園的新生問題可就多了。不過幼稚教育本來就把這類問題估計在內，所以家長不必操心，只是要注意不可嚇唬孩子，免得孩子對新環境產生戒心，那就更不容易適應了。細心的媽媽應該對孩子說：「幼稚園是非常好玩的地方，寶寶趕快長大，就可以入學了。」如此給孩子美好的期待，才是聰明的說法呢。

培養耐心最重要

幼稚園是學習過團體生活的場所。在幼稚園適應良好的孩子，進入小學也能馬上接受正規的學習生活。

問題是媽媽往往比孩子更緊張，因為課業的學習會比較出孩子能力的高低。每個媽媽都希望自己孩子的成績比別人好，至少不能成為跟不上別人的「劣等生」。其實只要不是先天智力低，以一般「中智者」為標準所編的小學課程，每個小學生都能吸收，媽媽根本不需要過分緊張。

可是，喜歡窮緊張的媽媽好像特別多，在孩子剛接觸到課本的時候，就逼孩子要讀、要背，除了複習還要預習。其實媽媽多半沒有學過教育心理，教法和學校老師的「創造性教學法」不一樣，逼著孩子要讀要背，反而會造成孩子學習上的困擾。所以媽媽最好不要逼孩子讀書。書要怎麼讀，由學校老師按部就班教就可以了。媽媽應該教孩子的是「耐心」。交代的事，孩子能不能做到，必須嚴格地要求和督促。如果孩子把你交代的事當耳邊風，你就得好好地訓練他了。因為孩子不做，證明他對不喜歡做的事沒有耐心。任他這樣放縱自己，怎麼能承受刻板而辛苦的學習生活呢？

小學生上課，一節至少也有三十分鐘，對於一次坐下來就要上三四十分鐘的課，如果沒有耐心，怎麼撐得下去呢？而所上的課也不一定是孩子所喜歡的，也許孩子想讀國語課本，老師卻要教算術。這時候孩子如果不能管制自己，那就根本無心上課了。

所以希望孩子認真上課的媽媽，必須先給孩子培養耐心，即使不喜歡，指定孩子做的事一定得做成功，這樣的精神要靠母親以愛心和恆心慢慢地訓練孩子，能夠訓練成功，往後的漫長學習生活就不會有障礙了。

體弱，個子小，能放心嗎？

學齡兒童入學的時候，雖然同樣都是六足歲，但是前後月分可能差十一個月，所以同班學生有的顯得很大，有的顯得很小。據統計，這段差距要到小學三四年級的時候才會漸漸接近。如果入學時你發現自己的孩子比別人小，先不要著急，想想看，他的年齡是不是比別人小一點兒？如果不是，也不用急，只要孩子健康、精神好，個子的大小並不影響課業的學習。如果身體虛弱或容易疲倦，那就要特別注意孩子的健康情況了。

有的父母想灌輸孩子勤學的精神，孩子感冒發燒或拉肚子，也要孩子硬撐著去上學。這樣固然能夠把孩子磨鍊得很堅強，但是這麼小的孩子是不是有點兒可憐？而且感冒、咳嗽會傳染，所以我認為孩子生病應該讓他在家休息。如果擔心功課趕不上別人，可以託同學把家庭作業帶回來，覺得身體比較舒服的時候再寫就可以了。訓練孩子堅強，等孩子大一些也不遲吧？

媽媽沒跟著就哪兒都不敢去

只有一個孩子的家庭，對孩子很容易保護過度。因為做母親的沒有安全感，隨時擔心萬一孩子有了意外怎麼辦。因此，孩子到哪兒，媽媽就跟到哪兒，從不給孩子獨立行動的機會。到了孩子快上幼稚園的時候，媽媽卻忽然慌張起來，對孩子的態度有了一百八十度的改變，一會兒差孩子出去買東西，一會兒差孩子出去寄信等等，好像要在一夜之間訓練出孩子的獨立性來。然而所得到的往往是反效果，因為媽媽異於往常的態度會引起孩子的恐慌，於是媽媽越急著要訓練孩子獨立，孩子卻纏媽媽纏得越緊。

其實，訓練孩子是千萬急不得的。在孩子上幼稚園的半年之前，就應該有計畫地不著痕跡地開始訓練，讓孩子在不知不覺之中逐漸獨立，能自己一個人到附近找小遊伴玩兒。

訓練的方法很簡單。剛開始時媽媽要多帶孩子出門，讓孩子熟悉自己家附近的環境，然後循著已經熟悉的路，走到即將入學的那一個幼稚園，並且讓孩子在幼稚園裡上上廁所，玩玩園裡的滑梯、鞦韆等，讓他先熟悉環境，以後入學就不覺得陌生或缺乏安全感了。

時下的媽媽很流行把孩子送去讀離家很遠的明星幼稚園。如果有這樣的計畫，那更應該提早讓孩子熟悉那一個完全陌生的環境，否則到時候鬧起彆扭來，媽媽恐怕每天都得陪孩子在課堂裡一起上課了。我認為幼稚園不需要讀明星學校，幼小的孩子第一次離家，最好不要離家太遠。在家附近的小幼稚園，讓孩子安心地學習跟家人以外的人和環境相處，等孩子有了信心和膽量，再考慮轉入明星幼稚園也是一個辦法。如果要轉學，最好能給孩子找個熟悉的同伴一起轉，否則單獨一個人投入一個陌生的團體，膽小的孩子很不容易適應呢。

另外，媽媽應該注意的是，生活習慣的改變也不能操之過急。例如一向晚睡晚起的孩子，為了上幼稚園，媽媽急著要把他訓練成早睡早起；吃飯一向慢吞吞的，現在也要孩子一下子改變，孩子會過分緊張，還沒入學就對未來的學校產生反感了。天生性急的媽媽可要特別注意喲！

偶爾會尿濕褲子，怎麼辦？

有不少媽媽眼見寶貝兒子就要上幼稚園了，卻發現孩子小便的控制力好像有問題；有時候遊戲太專注，也會尿濕整條褲子。媽媽很著急，萬一孩子在幼稚園裡尿濕褲子，不是出了洋相嗎？

據統計，小便控制不良的情形，男孩兒比女孩兒多，男孩兒患夜尿症的比女孩兒多出三倍左右。

如果只是滲出一點點，把褲子稍微弄濕，媽媽可以不用著急，大約再過半年到一年，孩子發育得更成熟，自然就好了。至於太專心玩兒而不覺尿濕褲子的毛病，也不用太擔心，因為幼稚園的老師會適時提醒孩子上廁所。幼稚園每一項活動頂多二三十分鐘，不可能讓孩子禁尿太久。萬一有人「出洋相」，幼稚園裡也有備換的褲子，而且老師也會適當地處理，不至於讓孩子羞愧得抬不起頭。事實上，這個年齡的孩子幾乎都有過不小心尿濕褲子的經驗，所以不會互相嘲笑。倒是上小學一年級了，還出這種洋相，難免會引起全班同學的譁笑了。所以在幼稚園時把解尿的習慣訓練好，是很重要的。

訓練的時候千萬不要讓孩子感覺過分緊張。當然，做父母的都不希望孩子嘗到失敗的痛苦經驗。但是眼光不妨看遠些：漫長的人生哪有萬事如意，沒有挫折的？預防孩子失敗固然要緊，培養孩子失敗了也不氣餒的精神更重要。所以讓孩子有承受失敗的心理準備，才是聰明的教育方法。剛入學幼稚園時，媽媽要再三叮囑孩子，上課時如果尿急，要大方地向老師報告，馬上去上廁所，不要畏畏縮縮強忍著不敢說。同時也要告訴孩子，萬一來不及而尿濕了褲子，也要勇敢地報告老師，請老師幫忙處理，不要哭哭啼啼，反而更引人嘲笑。順便告訴孩子，幼稚園的孩子不小心尿濕褲子的人很多。如果父母自己小時候出過這樣的洋相，不妨輕鬆地說出來大家笑一笑。如果孩子沒有把握，每天上學時在他的小書包裡放一條備換的乾淨褲子，他有安全感，就不會緊張，不緊張就不會尿濕褲子。所謂心理作用，有時候是非常微妙的。

可以訓練孩子自己走路上下學嗎？

有些職業婦女巴不得孩子趕快長大，好讓他上幼稚園。在園裡有老師照顧，自己就可以放心了。

不過，孩子上下學跟自己上下班的時間往往無法一致，家距離學校遠的當然可以考慮搭校車，離學校近的反而很困擾。到底可以不可以訓練孩子自己走路上下學呢？

我想，重視獨立精神教育的父母，一定認為孩子上了幼稚園，就應該訓練他自己走路上下學了。這一點我很不放心，因為馬路如虎口，我們的交通秩序太亂，騎機車的人太多，就是最安全的小巷子也會隨時冒出飛車。我們的孩子太小，在路上目標不顯著，太危險了。我認為要訓練孩子自己走路上下學，至少也要等孩子上了小學以後。因為剛入幼稚園的孩子，多半第一次離開父母，離開家，對外界感到很陌生也很新奇，注意力不容易集中，走路往往左顧右盼，車子迎面來了也不知閃躲，這樣子怎麼可能不發生意外呢？儘管父母再三叮囑孩子走路要小心，但是稚嫩的孩子心智未成熟，不會照顧自己。如果職業婦女實在沒有時間接送孩子，可以拜託鄰近的小朋友的家長，接送自己孩子時順便帶你的孩子。我想這樣的「好人好事」沒有人會拒絕。為了孩子的安全，互相照顧也是應該的。

時常不上幼稚園的孩子能適應小學生活嗎？

幼稚園不是義務教育，孩子可以上，也可以不上。家長遇到孩子鬧彆扭的日子，常常因為懶得哄騙，就隨孩子的意思不上。等到快上小學一年級了，家長才開始緊張。如果孩子還是動不動就拒絕上學，怎麼辦呢？

這個問題當然值得家長擔心，因為不上學，功課怎麼能跟得上別人？如果冷靜客觀地探討孩子為甚麼時常拒絕上幼稚園，可能會發現你的孩子是怕陌生人，也怕生活變化的「膽小畏縮型」。老師請假，來了一位代課老師，第二天他就拒絕上學了。有時候上課換座位，換了一個他不熟的小朋友和他坐在一起，第二天他也要拒絕上學。這樣的孩子剛上幼稚園的那段日子，一定讓父母飽受折騰。好不容易讓孩子接受了新的環境，現在又要換一個新環境，父母又得再頭痛一次了。

孩子的性格就是畏縮膽小，一下子要改變恐怕不容易，所以父母要多花一點心思，多體諒孩子，多為孩子著想。例如入學前先讓他和一個同齡的鄰居朋友交朋友，請求學校把他們兩個人編在同一個班級裡，再請求級任老師讓他們坐在一起。下課遊戲、上廁所和放學回家時，也請老師特別關照一下，讓幾個跟他比較熟的小朋友等他、帶他。慢慢地，待他認識更多的朋友以後，自然就不會害怕了。

學校的老師一個人要照顧二三十個小朋友，如果家長不事先提起，老師不容易發覺特別膽小的孩子。通常比較受注意的是活潑好表現，或特別調皮愛搗蛋的孩子；至於需要特別鼓勵、招呼的膽小學生，往往會受到忽略。所以孩子入學以後，家長要儘快地自動找老師，說明自己孩子的特殊個性，請求老師特別留意，並且加以適當的誘導。通常，老師都很歡迎關心孩子的家長，尤其歡迎家長提供孩子的個性資料和家庭背景等等。不過找老師時也要考慮老師的時間。有一些家長在老師上課時間去拜訪，老師不好意思不應對來訪的家長，只好丟下全班學生任憑嬉鬧。也有家長在晚上休息的時間，打電話給老師，談個不完，反而留下壞印象。我認為最好的方式是寫信，讓孩子把信帶到學校，老師自己會選擇適當的時間細讀。希望家長在為自己的孩子著想的時候，也別忘了為老師著想。家長、學生與老師之間，如果能夠在剛開始的時候建立良好的關係，以後對孩子的學習生活有很大的幫助。

第二部

Mom & Baby

做個會編故事的媽媽

利用故事感化孩子

成長中的孩子沒有一個不喜歡聽故事的。因為他們小，生活經驗少，活動範圍也極有限，所以對於自己周遭以外的天地充滿著好奇。他們想知道世界有多大，其他的人和動物植物都在過著甚麼樣的生活。但他們沒辦法親自去看、去體驗，所以熱切地希望大人能講給他們聽。

大人講的多半是好人好事與好孩子的故事，他們聽多了有時候難免會懷疑，別人家的孩子真的都那麼「乖」嗎？因為他們雖然努力想學好、學乖，但內心常有一股反叛心理在作祟，在問他們如果不乖，會怎樣呢？

所以，幼兒喜歡聽美麗幻想的成功故事，也喜歡聽做壞事或闖禍的「失敗」故事。因為別人的失敗能給自己最大的警惕，使自己不敢動「反叛」的念頭，而乖乖做一個聽話的好孩子。

不過他們也有控制不住的時候，萬一他們真的做了壞事或闖了禍，怎麼辦呢？這時候他們也很想知道別人怎樣善後處理，怎樣改過自新，重新又做聽話的乖孩子。

父母如果能夠了解上述孩子愛聽故事的心理，便能掌握機會給孩子做有效的「故事教育」了。

我是哄騙孩子的能手，因為我有童心，我會隨口編故事，遇到孩子拒絕洗頭的時候，我講「小豬豬不洗頭，沒人願意跟他玩兒」的故事。孩子不刷牙，我就講「齒縫裡長小蟲，咬得寶寶牙痛痛」的故事。其實這一類故事，不要等到孩子拒絕洗頭或刷牙的時候才講，如果能夠提前在平時講故事的時候講，也許孩子根本不會鬧「拒絕」呢。

不過小孩子鬧彆扭，有時候不是單純的不聽話，而是有複雜的心理問題。例如尿床、排斥剛出生的弟弟或妹妹，以及膽小不敢跟別人玩、說謊話、偷別人的東西等等，這時候想利用故事感化孩子，父母就要多花一點心思，編造一些較有情節而真正能感動孩子的故事了。

通常小孩子最喜歡聽的是自己親人的故事。如果父母本身小時候尿過床、撒過謊或偷過東西，那就老老實實說出來吧。這些糗事不會失去你的尊嚴，而會拉近你跟孩子之間的距離。先把距離拉近了，孩子才相信你有原諒別人犯錯的雅量，也才會接受你的告誡和訓誨。

另外，小孩子最不能忍受的是父母的離婚問題。要孩子選擇跟母親住，或跟父親住，實在不是一件容易的事。我手邊剛好有一則有趣的童話「會走路的樹」，非常有意思。我將它抄錄下來，希望父母能夠從這個故事得到靈感，只要我們有心為孩子編故事，甚麼樣的故事都可以編。下面幾個實例，有的是我自己的童年故事，有的是我自編或改編的，提供給您參考。希望大家能為孩子編更多的故事。

例一：給父母準備離婚的孩子

會走路的樹

今天冬冬沒到學校來，咪咪很著急，心想，冬冬是不是生病啦？她回到家把書包一扔，就跑到冬冬家去了。冬冬自個兒在院子裡玩，告訴咪咪說，他媽媽在樓上哭，他爸爸好幾天才回來一次，每次回來都和媽媽吵架。冬冬問咪咪：「你知道甚麼叫離婚嗎？我媽媽說要跟爸爸離婚。」

咪咪搖搖頭說：「我不知道。」

樹上一隻小鳥聽到了，說：「我帶你們到森林裡去問瞎子阿婆。瞎子阿婆會算命，她甚麼都知道。」

咪咪跟冬冬牽手。小鳥在他們頭頂上飛，帶他們到山上森林裡去。森林裡有一棵大樹，瞎子阿婆住在樹洞裡。

冬冬問阿婆：「甚麼叫離婚？」

阿婆笑一笑，指指身邊兒一個花盆說：「你們看，盆裡有兩棵樹，是不是都快枯死了？」

咪咪蹲下去看，說：「盆裡的土是濕的。您沒忘記澆水，它們怎麼會枯得葉子都快掉光了呢？」

阿婆說：「兩棵樹吵架了。你們快把花盆敲碎，分開兩棵愛吵架的樹。」

冬冬找來一塊大石頭，「砰！」地一聲，把花盆打破了。瞎子阿婆叫他們一個人拿一棵，種在外面有陽光的地方。冬冬的樹種在小路右邊，咪咪的樹種在小路左邊。種好了，阿婆叫他們去拿水。冬冬跟咪咪用塑膠袋裝來兩袋子水，正想給種好的樹澆下去，兩個人同時叫了起來。

咪咪說：「你看，我的樹長出這麼多葉子！」

冬冬說：「你看，我的樹會走路！」

冬冬的樹真的在走路，一搖一擺，一邊走一邊長出新葉子來。

冬冬扔下手裡的一袋水，急急忙忙追過去，一把抓住小樹，說：「你不能走，你不能走！」

小樹不走了，可是綠色的葉子變成黃色，嘩啦嘩啦掉下來了。

冬冬哭了起來。瞎子阿婆說：「冬冬啊，放開手吧，會走路的樹不讓它走，就要死的。」

冬冬放開手，小樹一步一步又開始走，翻過一座小山不見了。

冬冬回過頭，看見咪咪種的那棵小樹，新長出的綠葉子濃濃密密，快變成大樹了。

瞎子阿婆問冬冬：「會走路的那一棵是爸爸樹，不會走路的這一棵是媽媽樹，你要哪一棵？」

冬冬說：「爸爸樹不見了，我要媽媽樹。」

阿婆說：「好了，快回去告訴你媽媽，爸爸是會走路的樹，讓它走吧，請媽媽不要哭。」

咪咪急著問：「我爸爸是不是會走路的樹？」

阿婆笑著說：「咪咪的爸爸是不會走的樹，所以不會和媽媽離婚。離婚就是爸爸走了，不回來了。知道嗎？」

冬冬說：「爸爸是會走路的樹，真倒楣！」

例二：給排拒妹妹的孩子

我愛妹妹

有一個小小孩，一向聽話又乖巧。但是，自從媽媽生了小妹妹之後，他就變壞了，每當大人忙著照顧妹妹的時候，他不但不肯幫媽媽的忙，還故意在一邊搗亂。不肯自己好好吃飯啦，故意尿濕褲子啦，哭著要媽媽抱他啦……

原來，這個小孩看到媽媽成天為妹妹忙，以為媽媽有了小妹妹就不愛他了，他的心裡覺得好嫉妒，才故意不乖的。

如果，在你生活的周圍也有這麼一個令人煩惱的小孩，你要怎麼幫助他呢？你可以講下面的故事給他聽，並且告訴他：媽媽還是和以前一樣的喜歡你，只因為小妹妹還太小，要多照顧他，小妹妹才會長得和你一樣大。到那時候她就可以陪你一塊玩了，不是很棒嗎？故事是這樣的：

有一個媽媽，她也有個可愛的小女孩兒名叫小萍。媽媽很愛小萍，每天說故事給小萍聽，還會陪小萍玩。小萍三歲的時候，媽媽的肚子一天一天的大了起來。有一天，媽媽忽然說肚子痛，爸爸帶她到醫院。過了五天，媽媽從醫院回來，小萍高興地撲過去，想跳到媽媽懷裡，叫媽媽給小萍親親。可是媽媽懷裡抱一個小嬰兒，說：「小萍，妳看，是妳的妹妹，好可愛是不是？」

小萍很高興，說：「給小萍抱抱！」她伸出手，搶著要抱。媽媽急忙躲開說：「不行，不行，妳不會抱，妹妹要吃奶了，妳玩積木去！」

小萍噘起嘴，搬出玩具箱，玩了一會兒說：「媽，妳快來，我們一起來堆，看能堆多高？」媽媽放下妹妹走過去陪小萍玩積木。小萍玩得正高興，突然傳來「哇！哇！」的哭聲，妹妹醒了。媽媽慌慌張張放開手站了起來，積木高樓「嘩啦！」一聲，倒掉了。

「壞媽媽，不跟媽媽好了！」小萍很生氣，可是媽媽沒聽見。媽媽抱著妹妹搖又搖，還說：「乖呀乖，我的小寶貝，尿片沒濕，哭甚麼呢？」小萍站起來用力跺腳，媽媽還是沒聽見。

鈴鈴鈴鈴……門鈴響了起來。小萍最喜歡的阿姨來了。阿姨笑嘻嘻的走進來，拿了一包禮物，忘了抱小萍，只忙著向媽媽說：「恭喜恭喜！這是給小妹妹的。」又抱起妹妹說：「哇！好可愛，比小萍還要漂亮！」低下頭：「嘖！」一聲，送給妹妹一個大響吻。

小萍很傷心，小萍想：阿姨忘了給小萍帶糖果，阿姨忘了抱抱小萍，阿姨忘了說：「給阿姨親親！」……

鈴鈴鈴……爸爸回來了。小萍忙著幫爸爸找拖鞋，拖鞋找到了，可是找不到爸爸。爸爸也到妹妹的房間去了。

小萍丟下拖鞋，跑過去拉著爸爸的褲管說：「爸爸抱抱！」

阿姨回過頭，羞羞小萍說：「小萍做姊姊了，怎麼可以叫人家抱呢？」

小萍越想越氣，都是妹妹害的，有了妹妹，大家都不愛小萍了。

有一天，小萍看到媽媽在廚房裡，偷偷溜進妹妹的房間，指著正在睡覺的妹妹罵她說：「都是妳！我不要妹妹，我不要妹妹！」小萍正想擰她屁股，突然「刷！」一聲窗簾被拉開。一個巫婆提著竹籃子跳進來說：「妳不要妹妹是不是？好，我把她帶走，我把她變成一隻小鳥，讓她飛到山裡去！」巫婆把妹妹抱進籃子裡，跳過窗子跑出去了。

小萍忽然想，妹妹變成小鳥兒太可憐了，急忙跳過窗子追出去。小萍拚命跑，跑到街上要轉彎兒的地方，搶先一步，攤開雙手，攔住巫婆說：「不許走！把妹妹還給我！」

「咦，這就奇怪了，妳說不要妹妹，我是來幫忙妳的呀，我把妹妹變成小鳥，讓她飛走，媽媽沒有妹妹，就可以抱抱小萍不是嗎？」巫婆咯咯笑。

「不要，不要把妹妹變成小鳥，我要妹妹！」小萍很勇敢地把籃子搶過來，飛也似的跑回家了。

媽媽一手抱小萍，一手抱住籃子，流著眼淚說：「小萍真勇敢，小萍真能幹，要不是小萍救了妹妹，妹妹變成小鳥，多可憐喲……」

小萍幫媽媽擦乾眼淚說：「媽媽不要哭，妳到廚房裡去做飯，小萍幫妳守著妹妹，巫婆敢再來，我就拿掃帚把她趕走！」小萍握起拳頭，告訴妹妹說：「妹妹妳看，小萍有拳頭，小萍比妳大，妳是小萍的妹妹，小萍是妹妹的姊姊，姊姊會照顧妳，妹妹不用怕……」

例三：給尿床的孩子

汪洋中的一條魚

——給媽媽

眞正嚴重的夜尿症並不多，或許還可以説少之又少。一般會尿床的孩子，差不多到了快上學的年齡，心理上有了「我已經長大了」的自覺，知道上學後得樣樣靠自己，自然而然的就產生獨立精神。

這時候，母親的態度非常重要，如果母親對夜尿的毛病看得太嚴重，表現得太焦慮，孩子也跟著緊張焦慮起來，毛病就不容易好了。所以，做母親的首先要放鬆自己，不要把這種事當成煩人的事，還可以將它當成一件趣事兒笑談，有時候反而能得到預想不到的效果。

例三　給尿床的孩子

有個叫健兒的男孩子，要跟爸爸到海濱一位親戚家做客。他們計畫在那兒住一夜，第二天一大早就坐船到海上去釣魚。

「睡覺以前一定——一定記得上一號喲。」媽媽不放心的一次次的叮嚀他。

「我知——道，我知道。人家也不喜歡尿床嘛！」同樣的問題健兒已經說了三次。

可是，做客那天，健兒睡覺以前卻只去了一次廁所。

「是不是應該再去一次？」健兒心裡想著。問題是鄉下的廁所又黑又暗，健兒有點害怕，只好作罷了。

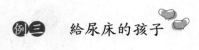

他想，都已經上小學一年級了，怎好意思像個奶娃娃似的說：「爸，您快來，我要尿尿！」多丟臉，何況叔叔家還有一位和他一樣大的小女生呢。

那位女生頭上甩著兩條黑辮子，臉蛋兒很可愛，可是一張嘴巴好像很愛講話的樣子。萬一她對朋友們說：「報告你們可笑的消息，我家來了一個小客人，名叫健兒，是個男生，可是膽子小得像隻小貓兒，晚上一個人不敢上廁所呢。」這可不就慘了？我一定會慚愧死的。

「好吧，要睡了，健兒爭爭氣，今夜可不能尿床哦。」健兒自言自語的說。

然後緊緊地閉上了眼睛……

「去吧，我們釣魚去！」爸爸扛著一根又粗又大的釣魚竿來叫他。

外面一片漆黑，天上的星星眨著小眼睛。

「天都還沒亮，這麼早，魚兒們都醒了嗎？」健兒揉著眼睛問爸爸。

「魚兒們正等著你去叫醒牠們呀！」爸爸有點不高興地說：「快起來，你要到海上大聲嚷叫：『天亮囉！魚兒們起床哦！』知道嗎？」爸爸說著掉頭走了。

健兒慌慌張張跟在爸爸後面半走半跑，爸爸走得好快好快！

爸爸和健兒上了船，才發現親戚家的叔叔和那位小女生早已經等在船上了。

「準備好了沒有？要開船啦！」叔叔在船頭大喊。

「奇怪，為甚麼船不動呢？」健兒正覺得奇怪，只見小女生一隻手按著嘴巴嘻嘻笑起來。

「原來是沒有海水，怪不得船開不動。」爸爸說。

健兒探頭張望，果然見不到半滴海水。

「我看，這樣辦吧！」叔叔建議：「我們一起來造一個海。」

「好，好主意！」爸爸拍手贊成，兩個大人就撒起尿來了。

小女生摀住眼睛不敢看，嗤嗤嗤的笑個不停。

這時候天空的小星星變得模模糊糊，不知不覺中漸漸消失了，四周一亮，太陽出來了。

「好極了！不要我喊叫，魚兒也會醒了。」健兒很高興。

叔叔和爸爸造的海越來越大，船身開始動了一下。

「不夠不夠，還不夠。」叔叔說：「水太少，船身浮不起來。」

「咦？健兒，你愣在那裡做甚麼？」爸爸回頭看到健兒呆望著尿海，催他說：「你也來幫忙造海啊！」

「好極了！我也來！」

小女生笑得直不起腰來，一屁股跌坐在船板上。

健兒抬頭挺胸，使勁撒了出去！

泊泊泊，泊泊泊！

健兒造的尿海越來越大，越來越大……

「好啦好啦，水太多船要翻了。」爸爸叫健兒停止造海，可是健兒沒辦法停止下來。

小女生突然指著遠方嚷叫起來：「看！好大好大的一條鯨魚游過來了。」

健兒定睛一看：「哇！是一條大白鯨！」健兒一叫，醒了過來。慌忙伸手到屁股下面摸摸墊被：「嘿嘿，妙妙！夢見好大好大的一床尿，居然沒有撒出半滴。原來撒尿的夢跟尿床沒有甚麼關係嘛！」健兒興奮地一躍跳下床。歡天喜地的跑出臥室，大聲叫嚷：「早哇，大家早！我們快坐船釣魚去，說不定有鯨魚哩！」

小女生摀嘴嘻嘻笑！

例四：給膽小不敢出去外面玩的孩子

不會玩兒的小公主

從前有一個國王，到很老很老了，他的王后才生了一個娃娃。娃娃長得白胖可愛，是一個小女生，國王給她取名字叫露西公主。

露西公主有一頭金亮的鬈髮，眼睫毛翹起來，一對藍眼睛好圓，好大。大家都說小公主像一個洋娃娃。

國王和王后非常疼愛她，給她請最好的保姆，還請全國最有名的室內設計師，給小公主造了一間好大好漂亮的玩具室，把全國最貴最好玩兒的玩具統統買來了。他們希望小公主能玩得很快樂。

奇怪的是小公主一點兒也不快樂，每次走進玩具室，看見滿屋子的玩具，總是傻愣愣的，不知道該怎麼玩兒。

有人說小公主已經五歲了，還不會玩兒，一定很傻；也有人說小公主一定身體有病。王國和王后很傷心，請來全國最好的醫生給她看病。可是醫生搖搖頭說，小公主頭腦和身體都沒有毛病，只是不快樂罷了。醫生給她開了一帖「開心藥」，叫保姆每天餵她吃。可惜連吃了好幾個月，小公主仍然愁眉苦臉，怎麼逗她都不笑，成天很不快樂的樣子。

有一天，小公主跑到後花園，站在鐵柵門往外看，看見一個跟她差不多大的小女孩兒，打赤腳，身上的衣服髒髒的，自個兒蹲在牆角不知在做甚麼。

小公主好奇地鑽過鐵柵門的細縫，偷偷溜了出去，問那個小女孩：「你叫甚麼名字？在這兒做甚麼？」

「我叫安娜，在這兒等我姊姊和我扮家家酒。她快放學回來了。」小女孩兒回答。

「甚麼叫扮家家酒？」小公主問。

「甚麼?你不會扮家家酒?真笨!」安娜把她手裡抱的一個又黑又髒的小木頭人塞到小公主的懷裡，說：「這是我的寶寶。我做媽媽，你做傭人。我要去買菜，你餵寶寶喝牛奶，換尿片，好好看家喲！」

安娜從牆角撿起一個她媽媽不要的破舊皮包，往臂彎裡一掛，搖搖擺擺學著大人走路的模樣兒走向一棵大樹。走了十幾步，忽然又回過頭，說：「折一枝帶葉子的樹枝當掃帚，把家裡打掃乾淨！」

「嗨，等一等！」小公主慌慌張張地叫住她，「拿甚麼當牛奶餵寶寶呢？你還沒教我呢。」

「小瓜呆，甚麼都不會！石頭上不是有一顆草莓嗎？剝開皮擠一擠，湯汁就滴出來了，不是很像奶水嗎？」

小公主嘻嘻笑著蹲下來，照著安娜的吩咐一樣一樣地做。全部工作剛做完，安娜回來了。她把當菜籃子的破皮包遞給小公主，一屁股坐到石頭上，說：「累死了，先給我一杯水。然後煮飯燒菜去！」菜籃裡有一撮石子兒，一片樹皮和一把草葉。安娜說那是雞蛋、牛肉和菠菜。小公主高興極了。

這時候全皇宮裡的人正驚慌地尋找不見了的小公主。王后靈機一動，想：「會不會溜到外面去了？」急忙打開後門追出去，果然看見小公主在外面，雙手捧著一個盛滿水的瓶子，彎腰行禮，恭恭敬敬地送給一個坐在石頭上，大模大樣蹺起二郎腿接受她伺候的窮家小女孩兒。

王后氣極了。本來想上前一把抓住小公主，馬上把她拉回皇宮去，但是看見她玩得很有趣，很開心的樣子，不忍心叫她回家。王后躲在樹後靜靜地看，等小公主玩夠了，才把她帶回皇宮，興奮地告訴國王：「我們的寶貝女兒會玩兒了。原來小孩子需要小朋友，小朋友跟小朋友一起玩兒才會快樂，我們怎麼一直沒想到呢？」她把剛剛看見的情景告訴了國王。國王很感動，馬上派人送很多金錢和禮物到安娜家，請安娜每天帶幾個鄰居的小朋友到皇宮裡來陪小公主玩兒。安娜和她的小朋友當然很高興，小公主有了玩伴以後，也變成一個很會玩兒的快樂孩子了。

例五：給說謊和偷錢的孩子

頭頂上的神

小時候有位老師告訴我們，說每一個人頭頂上都有一位神，祂隨時跟著你，監視著你。你以為別人不知道或看不見的任何事，祂全知道，全看得見。祂不准你偷偷做壞事，你做了一定懲罰你！

我們當然不相信，誰都知道那是老師唬我們的。

可是我有兩次經驗，卻證明頭頂上真有一位神。

一次是我說謊，騙我爸爸說我要出去買東西，其實我是想逃課，不願被關在家裡和一大群堂兄弟姊妹一起上每天晚上兩小時的家教課。沒想到一腳剛剛跨出大門，我就被地上一塊香蕉皮給滑倒了。我痛苦地掙扎著爬起來，卻發現左手臂從中彎下來，裡面的骨頭折斷了。那樣子太可怕，我嚇得哇哇大哭。爸爸慌忙送我去求醫，接骨師傅很粗魯地抽拉好幾下，然後又捏又扭地痛得我幾度昏過去。

上了石膏以後，一隻手背在胸前整整兩個月，好動的我可真被整慘了。我一直沒說我說謊要逃課，所以全家沒有一個人知道。但是我心裡明白，一定是頭頂上的神識破我，懲罰我，否則我為甚麼會踩上香蕉皮呢？想到門口一條路那麼寬，我左不踩右不踩，偏偏踩中大小不過一寸見方的香蕉皮，不是神的安排是甚麼呢？我越想越害怕，趕緊雙手合十，向神懺悔並發誓，說我以後再也不敢說謊了！

另外一次是我偷了我媽媽錢包裡的錢。本來我是不敢偷的，但是我媽媽的錢包亂放，裡面的零錢還塞得鼓鼓的。那一陣子學校的同學流行吃蠶豆又流行穿珠子，我每天兩角錢的零用金，買了蠶豆就不能買珠子，可是我兩樣都想要，所以看著媽媽隨便擱在餐桌上的鼓鼓的錢包，我忽然動起壞念頭來。我看看四周，家裡半個人影兒都沒有，於是顫抖著手，偷偷打開錢包摸出了一個五角錢的小銅板兒，然後慌慌張張將它藏到鉛筆盒底紙的下面。不一會兒媽媽進來拿錢包付錢給送米的商人，果然沒發覺甚麼。我心中暗喜，卻也感到十分不安。

晚飯時我不敢看媽媽的臉，好不容易捱到上床睡覺了，卻做了一個可怕的惡夢，夢見我被警察抓走了，手上帶著手銬。警察局外面圍一群同學，大家都在罵，都在笑，笑我不要臉，說我當班長竟敢偷校長金庫裡的錢……。我跪在地上哭，哭著哭著，忽然醒過來。原來媽媽搖醒我，她慈藹地摸摸我的額頭，笑著說：「做惡夢是不是？別怕，甚麼壞東西追你？媽媽趕牠走！」我更大聲地哭著縮進媽媽懷裡，我很想說媽媽對不起，但是我沒有勇氣說我偷了她的錢。幸好我想起我頭頂上有一位神，我趕緊雙手合十，向祂懺悔說：「求求您，請不要懲罰我，不要讓我再做惡夢。等媽媽睡著，我一定偷偷爬起來，把錢送回媽媽錢包裡！」

我很感謝我頭頂上那位神，祂幫助我過了一個沒有污點的快樂童年。直到現在，我仍然相信每個人頭頂上都有一位神！

例六：給差點兒不誠實的孩子

瞇眼老伯

四十年前，鹿港有位瞇眼老伯開一家小雜貨店，他成天瞇著眼睛，賣東西時每樣都要拿到鼻尖前面，仔細地聞一聞，看一看。他說他是個半瞎子，甚麼東西看起來都模模糊糊。

可是他從來不會賣錯東西，也從來不會找錯錢。他說，我的鼻子靈得很，是鹽是糖，一聞就知道了。認人嘛，看影子聽聲音，絕對錯不了。鈔票、銅板兒更好認，大張的是十元，小張的是五元；銅板兒最小的是一角，邊緣有畫紋的是兩角，五角的中間有個圓洞，我一摸就知道了，怎麼會拿錯呢？

瞇眼老伯的小雜貨店兼賣很多小孩子喜歡吃的零食，我們家十個兄弟姊妹和同住一棟大宅院的二十來個堂兄弟姊妹，全是他的基本小顧客。我們都很喜歡瞇眼老伯，因為他很愛小孩子，每次小顧客上門，都賣我們特別便宜。有時候媽媽差我們去買鹽或醬油，看我們買好走出去了，卻又忽然喚一聲來來來，起身從罐裡隨便抓一顆糖或一粒蜜豆，塞進我們的小嘴裡，說，「賞你，因為你很乖！」

那時候的小孩子很喜歡吃一種叫「蕃仔豆」的煮豆，樣子很像豌豆仁，顏色灰綠。瞇眼老伯每天煮一大水桶，拌些蒜屑和鹽，然後用一條乾淨的毛巾蓋起來，我們隨時去買，豆子都是溫溫熱熱的。冬天裡雙手捧一紙袋溫熱的豆子一路走一路吃，豆子香香的，真是好吃極了。

瞇眼老伯賣蕃仔豆用小酒杯當量杯，一角錢五小杯，裝在尖底紙袋子裡，滿滿的舉到嘴邊都會碰到鼻尖。可是瞇眼老伯總不忘在量了第五杯以後，再多抓一小把，輕輕撒到那豆子山的山尖上面。我們怕豆子滾出紙袋邊緣，走路都不敢邁開大步。瞇眼老伯看著笑嘻嘻說，「這樣走路才不會跌倒，連跑帶跳的走，最危險了！」

我們喜歡瞇眼老伯的慷慨，常叫他慷慨伯。可惜他的太太是一位吝嗇婆，每次看到老伯多抓一小把豆子送我們，她就嘀嘀咕咕心疼老半天，有時候還會伸出手，抓回那一小把多送的豆子，狠狠地瞪我們一眼哩。

我們當然恨透了吝嗇婆。慢慢地我們想出了好辦法，要去買東西時先做一番偵察，確定吝嗇婆正在燒飯或正在洗衣服，確信她不會跑出來干涉，我們才放心地進去買。

有一次，我站在門外偵察，聽到吝嗇婆說：「鐵盒子上面有幾張鈔票，待一會兒醬油廠來收錢，你算給他們。鈔票要看清楚，可別算錯啦。」

「知——道，知道，」老伯揚揚手說，「你快去，別囉嗦！」

吝嗇婆拿起包袱出門去了。

我好高興，因為我站在門外等好久了。但是我仍然耐著性子繼續等，等吝嗇婆走遠，不可能再折回來，我才蹦跳著跑進店裡，掏出口袋裡的一角錢，指著熱呼呼的大桶豆子大聲說：「我要買這一個！」

瞇眼老伯摸摸桶邊一個空盒子，自言自語說：「紙袋用光了，我找張紙來包給你。」

他摸呀摸地，從擺豆子的小桌子一直摸到櫃臺上面，竟然抓起鐵盒子上面一張五元鈔票，對角一折，折成一個尖底的小紙袋，一杯一杯地量著豆子裝起來。

霎時我啊了一聲，想大笑著告訴他那是一張鈔票，但不知怎地，我咿唔半天，只覺得喉嚨乾乾的，笑不出聲音來，也說不出話來。因為那張五元鈔票可以買一打五彩香水鉛筆，找的錢還可以買好多次蕃仔豆，為甚麼我要拒絕呢？我像木頭人一樣愣住了，但是一顆心卻像澎湃的海洋，腦中有個聲音告訴我：「這是天上掉下來的錢財，又不是偷來的，拿它有甚麼關係呢？今天大概是走財運吧！回去告訴家人，說在路上撿到五塊錢，沒有人會懷疑呀……。」可是另一個聲音又告訴我：「不行，好孩子要老實，不老實的孩子等於騙子，等於小偷。……」

兩個聲音一直在吵架，我還沒決定要聽誰的，老伯已經量好了第五杯，又在豆子山的山尖上多撒了好幾顆，小心翼翼地拿給我說：「先吃幾口再走吧，紙片太小，裝得太滿了。」

我聽著他的話，尖起嘴巴用力吸一吸，把山尖上的豆子吸進嘴裡，然後轉過身，準備急忙衝出店門。

可是，奇——怪，為甚麼我的腳底好像被磁鐵吸住一樣，怎麼抬都抬不起腳來呢？我感覺頭頂上跳出一位神，祂睨視著我，厲聲說：「你以為不老實沒有人知道是不是？我可看到了。你吃完豆子一定肚子疼，我會懲罰你！」

我嚇得手心冒出冷汗，趕緊大聲說：「老伯你仔細摸一摸，看一看，你拿甚麼東西包豆子啦？」

老伯大叫一聲——我真糊塗！雙手把我給抱起來，說：「小卿，你是一個老實的好孩子，將來一定可以嫁到好丈夫。」他賞給我五顆玻璃珠，一盒牛奶糖和兩片煎餅。以後逢人就說他的糊塗笑話，並且大大地讚揚小卿一番。

很快地，小卿的老實故事傳遍了全鎮的小朋友。小卿走在路上，常有人指著說：「就是她！」

小卿好神氣、好快樂，她不告訴別人說她差點兒不老實，但是她自己心裡明白，如果不是頭頂上的神跳出來睨視她，她怎麼能夠這樣神氣，這樣快樂呢？

例七：給不接受新媽媽的孩子

染色的康乃馨

小學三年級的小雪，五歲的時候媽媽去世了，她和爸爸兩人共用的大臥房裡，擺一張美麗媽媽的遺像。每年過母親節的時候，她總要陪爸爸去買一束白色康乃馨花兒，插在媽媽的遺像前面，傷心地過一個懷念母親的寂寞日子。

去年快過年的時候，住在鄉下的奶奶帶一名土裡土氣的鄉下女人到臺北來，告訴小雪說：「奶奶幫你找到一位新媽媽，以後家裡有人幫你們燒飯洗衣服，你可憐的爸爸就不用父兼母職，每天忙上班又要忙做家事，你也不用天天啃麵包吃泡麵了。」她拉小雪過去，說：「快叫媽，新媽媽一定疼你！」

「不要！」小雪甩開奶奶的手，「我不要新媽媽，我要死去的真媽媽，我的真媽媽很漂亮！」她哭著奔入她和爸爸共用的臥房，抱著媽媽的遺像大哭起來。

爸爸回來了，說：「新媽媽是小雪媽媽的表妹，如果小雪不喜歡喊她媽媽，就叫她阿姨好了。」

從那天開始，小雪不能睡在爸爸的大房間裡，而要單獨一個人睡隔壁的小房間。她哭著把媽媽的遺像搬到自己房間的書桌上，每天對著不會說話的媽媽看書、寫功課。要睡覺的時候把媽媽的遺像一起帶入被窩裡，學校裡發生甚麼事，她也自言自語告訴像框裡的媽媽，而不告訴每天給她送飯包，為她準備點心和給她洗衣服的阿姨。因為阿姨搶走了她的爸爸，小雪恨透了對她「假慈悲」的阿姨。

小雪每天上學的時候，爸爸總會陪她走一段路，帶她穿過一處沒有紅綠燈的路口，才揮揮手，說一聲「在學校要好好聽老師的話。」等小雪的背影拐入學校大門內，爸爸才放心地回家去趕上班。

有一天，爸爸突然患了急性盲腸炎，半夜裡阿姨送他去住院。第二天早上，小雪一個人要上學，在沒有紅綠燈的路口，看到一名一年級的小妹妹，望著一輛接一輛飛駛的車子，探身好幾次，沒有勇氣走過去。小雪趕忙伸出手，牽著小妹妹走過去。她問小妹妹：「怎麼沒有人送你上學呢！」

小妹妹說：「我媽死了，我沒有媽媽。」

「爸爸呢？」

「爸爸早上要買菜也要洗衣服，送我上學就來不及上班了。」

小雪想起爸爸從前的忙碌，但他還是每天送她上學，爸爸真是太偉大了。

那天到了學校，她才想起過幾天就要過母親節，下午的勞作課老師要教他們做康乃馨花兒。下課時間，她急急忙忙趕著去福利社要買白色縐紋紙，一個又臭又髒的一年級小男生，擠到她前面踩了她一腳。小雪怒沖沖推開他說：「好臭喲，你幾天沒洗澡了？看你的衣服那麼髒！」

福利社的小姐罵小雪：「不要欺負人家，他沒有媽媽，好可憐！」說著拿一個熱包子賣給小男生：「你今天早上還沒吃早點是不是？」

小雪看看自己的衣服，不但洗得乾乾淨淨，阿姨還幫她熨過呢。

下午的勞作課，小雪做了八朵白色康乃馨，她要把八朵白花兒擺在媽媽的遺像前面，告訴媽媽女兒今年八歲了。

老師走過來，問小雪：「你不是有新媽媽嗎？怎麼還做白色的花兒呢？」

「她不是我媽媽，我媽死了，每天給我送便當的，是我家請的傭人！」

老師好像覺得奇怪，但她沒說甚麼，摸著小雪的頭，默默走開了。

小雪捧著一束白色康乃馨回到家，看到門鎖著，知道阿姨在醫院裡侍候爸爸還沒回來。她找身上的鑰匙，找半天忘了放在哪個口袋。心裡想，阿姨不在家真不方便，如果在，她聽到我爬樓梯的腳步聲，就跑出來給我開門了。

走進屋裡，看到餐桌上擺滿香噴噴的菜，阿姨留一張字條說：「我去給爸爸辦理出院手續。晚餐準備好了，等爸爸回來一起吃。如果你肚子餓，冰箱裡有你喜歡吃的紅豆湯，先吃點兒充飢吧。」

「哇！爸爸要出院了，爸爸萬歲！」小雪忍不住自個兒歡叫起來。她急忙想，我要送甚麼禮物慶賀爸爸康復呢？爸爸最喜歡甚麼？

她看著手上拿的白色康乃馨，忽然靈機一動，跑進房間拿出水彩，把八朵白色康乃馨全染成鮮麗的紅色。心裡想，待一會兒爸爸和阿姨進門，我要把紅花兒獻給他們。我要說：「祝爸爸身體健康，也祝『媽媽』母親節快樂」我要改口喊阿姨「媽媽」，從今年的母親節開始，我要每年送新媽媽紅色的康乃馨！

她想像新媽媽驚喜的笑臉，決心送完花要上前擁抱她。小雪雖然擔心自己會哭出來，但她相信爸爸一定好快樂，好快樂！

第三部

Mom & Baby

做個盡責的媽媽

幼教三「心」

隨著國民知識水準的提高，重視幼兒學前教育的年輕父母越來越多了。我的孩子已經長大，大家把我當過來人，因此常有年輕媽媽問我有關幼教的問題。

我說幼教沒甚麼秘訣，愛心、關心、專心，只要懂得如何運用這三心，養個身心都健康的孩子，不會有問題。

愛心根本不用學，只要能生孩子就會愛孩子，父母對子女的愛心是一種本能，只怕愛得太多，不怕不會愛。愛太多會變成錯愛與溺愛，對孩子有害無益，所以愛心要用理智加以控制，才能愛得恰當，愛得正確。

關心和愛心其實沒有甚麼不同，只是關心孩子，必須先了解孩子，要了解孩子必須用心觀察，也必須站在孩子的立場，設身處地為他們著想，才能探知他們的喜怒哀樂，也才能明白他們的需求。不過關心太多，孩子會產生依賴心，所以關心也有限度，尤其不能忘了逐漸訓練孩子的獨立。

專心是時間問題，能夠專心當然越專越好。有足夠的時間可以專心帶孩子，就可以按著自己的計畫和理想，按部就班地訓練孩子的良好生活習慣，和啟發孩子的創造力、思考力，並培養、塑造完美的人格。幼兒的學習，每一項都是新的開始，所謂好的開始是成功的一半，剛開始學的時候能夠專心教好他們，以後就不用操心了。

上述三「心」，如果幼兒由媽媽自己帶，都不會有甚麼問題。如果雇請保姆帶，雖然專心夠，但不會「教」，再多的時間也沒甚麼用處。何況孩子不是自己親生，愛心和關心恐怕也得打折扣。一般保姆幫人帶孩子，只照顧眼睛看得見的身體健康和衣著的清潔，而不會注意到眼睛看不見的心理健康和衛生觀念。如果給奶奶或外婆帶呢？常見的毛病是老人家有一種錯誤的觀念，認為不是親生爹娘，不能亂打人家的孩子。所以對待小孫子一味的寵，一味的慣。加上自己年紀大，脾氣好，看孫子不聽話使性子，也覺得小孫子怪可愛的，他們要甚麼給甚麼。老人家的腦筋裡沒有「教育」的觀念，所以儘管愛心、關心和專心都足夠，缺乏理智和方法，也就不容易達到幼教的理想了。

所以，年輕一輩的父母能夠重視學前教育固然可喜，但是真正重要的是要會安排。孩子不能自己帶的時候，針對上述三「心」，怎樣來防範缺失，怎樣來彌補不足，應該是父母最需要多考慮研究的問題吧。

太多的「家」

「你家在哪兒？」

現在的幼兒，可能有很多不會回答。因為他們白天住在保姆或外婆家，晚上住爸爸和媽媽的家，假日和過年過節的時候，爸爸媽媽又帶他「回去」爺爺奶奶的家，這麼多的家，到底哪一個才是真正自己的家呢？

我很為這樣的幼兒可憐，小小的他們，沒有固定的住所，精神恍恍惚惚，缺乏安定感，哪兒有心思探索新奇的世界，認知一切都新鮮的事物呢？

尤其他們要學習生活，學習做人，一定要認定一個人來觀察、模仿。可是在身邊兒照顧他的人不時地在更換，他應該拿誰當範本呢？再說嬰幼兒，也需要一個固定產生情感的對象，這樣他們才有安全感。缺乏安全感的孩子，長大以後容易發生不信任別人，不敢與別人太親近等心理毛病，那問題才嚴重呢！

本來照顧幼兒是母親的天職，但社會已經改變，可憐的幼兒也失去了「佔有」母親的權利了。職業婦女託請別人照顧幼兒固然不得已，但很多母親只顧到自己的方便，而忽略了幼兒的感受。

例如有人同時找到兩個保姆的人選，一個離自己的工作場所或住家較遠，一個較近，雖然遠的一位條件好些，但是為了接送方便，做母親的多半會捨遠就近，把寶寶送到近的保姆家。又例如婆婆和娘家都可以幫忙照顧孩子，做媳婦的總會說不好意思麻煩婆婆，而把幼兒往娘家送。其實心裡想的是親娘比婆婆好說話，不用戰戰兢兢，深怕老人家過分勞累，有時候要偷懶、耍賴，下班不去接孩子回來，親娘也比較體貼。如此想過來想過去，為的也是自己的方便呀！

假使我們退一步，站在幼兒的立場想一想，「家」有兩個已經夠多了，實在不需要第三、第四個！

在大家庭制度已經破裂的現代社會，很多嬰兒生下來就在父母新組織的小家庭裡。不過，過年過節的時候，要回去爸爸的老家和爺爺奶奶團聚；清明掃墓的時候，也要回去拜祭祖先，所以他們稍大以後，很快的了解爺爺奶奶的家，就是他的第二個家。等他知道自己從父姓而不從母姓時，也自然有進一步的家族觀念了。

然而我們不讓他在第二個「家」成長受照顧，卻要安頓他們在外公外婆的第三個「家」，那不是要增加他們認知和適應上的困擾嗎？

其實對幼兒來說，奶奶和外婆同樣會疼他們、愛他們，寄奶奶家和外婆家沒甚麼兩樣。不同的只是大人本身的想法罷了。

我們的社會有個怪現象，很多老人家認為幫女兒照顧幼兒是應該的，但是幫媳婦帶孩子，就好像很委屈似的，莫怪職業婦女流行把幼兒往娘家送，而不敢勞動婆家。

如是我們希望父系社會的秩序不紊不亂，希望幼兒有明確的歸屬感，那麼請改變觀念，盡量帶內孫，少帶外孫吧！

省事就好

一位丈夫陪妻子在醫院待產。醫生說，大概還要等七八個小時才會生產。

「剖腹好了！」產婦、丈夫和醫生三人都同意。

因為——省事就好！

嬰兒出生了。護士問，要餵母乳還是餵牛奶？

「餵牛奶好了！」新媽媽不假思索地回答。

因為——省事就好！

產婦坐滿月子要上班，嬰兒被送到保姆家裡。保姆問，是不是每天下班就抱回去？

「託全天的好了，每天抱來抱去多麻煩！」夫婦同聲回答。

省事就好

因為——省事就好！

孩子長大可以上幼稚園小班了。老師問，要上半天班還是全天班？

「全天的好了！」

因為——省事就好！

孩子上小學，學校規定每天要帶便當。

「每天中午到校門口買便當公司的好了！」媽媽給錢。

因為——省事就好！

孩子快上國中了，夫婦想，以後拚聯考多麻煩！

「送國外好了！」十一歲的小男孩被送到美國，寄宿在小留學生公寓，開始過獨立生活。

孩子變成黃皮膚的美國人了。父母問，為甚麼不常寫信回來？

「有事我會打國際電話！」孩子回答。

因為——省事就好！

有一天老夫婦雙雙退休，準備到美國依親養老。

「在臺灣住養老院好了！」兒子說。

因為——省事就好！

……。

「省事就好」的觀念，促使機械文明越來越進步。確實給人類帶來了最舒適和最方便的生活。然而將它運用到養育子女的工作上，會產生什麼樣的結果呢？想像人類失去「親情」的社會和生活，令人不寒而慄！讀者朋友，您擔不擔心人類會變質呢？

急甚麼？現代父母

性急容易得胃病是人人知道的，然而現代人凡事急急忙忙，好像成為日常的生活習慣了。坐車急著上車，開車急著超車。上班急，下班也急，連禮拜天也急忙忙趕著要逛街、要郊遊。好像不急就趕不上甚麼似的，日子過得好緊張。

最可笑的是生孩子也要急，明明知道陣痛剛開始，卻等不得自然生產。性急的醫生巴不得每個產婦都剖腹，剛好準爸爸和準媽媽也沒耐心，於是很多原本不必剖腹的，也動刀把嬰兒抱了出來。只是初到人間的小嬰兒不知做何感想，恐怕莫名其妙，想問一聲急甚麼吧？

不過小嬰兒也不用問，很快的他就會明白，原來父母急著要他趕快長大，趕快出人頭地呢！小嬰兒不會說話，不會表示意見，只好隨父母怎麼安排，怎麼逼他了。

首先他要苦嘗寂寞的滋味。因為媽媽聽人家說，小孩子越早讓他獨睡，越早能訓練他獨立的精神。於是他被安頓在一間嬰兒房裡，獨睡、獨醒、獨哭、獨玩兒——。等他稍大，媽媽又急著要他學爬、學坐、學站、學走、學說話。媽媽不問幼兒的發育，是不是有各自不同的速度和差異，只要看別人的孩子比自己的孩子學得快，她就急著苦逼骨骼和肌肉還沒發育完全的幼兒，接受她的「訓練」。然後急急的，三歲不到就把他送進幼稚園，去參與樣樣都要與人比，與人爭輸贏的團體競爭生活。比贏了固然好，比輸了呢？媽媽沒想到太稚嫩的幼兒經不起挫敗的考驗，很容易失去信心，而大大影響日後的學習生活呢。

然而性急的媽媽卻一味的只顧急，急著又要他提早學寫字、學鋼琴、學英語、學電腦……，最後，還不滿十五歲，就急急把他送到美國去當最小的小留學生了。

到底急甚麼呢？

媽媽們忘了，人類所以能稱為萬物之靈，就是因為人類的幼稚期比其他任何動物都長，因而可教、可育的時間也長，可以讓幼童慢慢成長，慢慢學習生活的技能和社會秩序。近代社會越進步，生活也變得越複雜，我們的兒童更需要較長的幼稚期來學習適應的能力。偏偏性急的媽媽們背道而行，想盡辦法在縮短兒童的幼稚期。莫怪美國兒童心理學家艾爾肯（David Elkind）擔心地說，生長過速、成熟太早的「匆促兒」，有的脾氣暴躁、有的焦慮、冷淡或退縮等等，顯出嚴重的心理不平衡。試想這樣的孩子，即使會說洋話，會操作電腦，但不知如何與人和諧相處，將來能有甚麼好的發展和作為嗎？

大人性急，對己身的害處頂多是急出胃病。但是對小孩子的教育操之過急，卻如同揠苗助長，足夠摧殘他們。雖然人類的幼苗較強韌，不致於被弄得枯死，但也會被弄得長歪，長不茁壯。尤其只顧叫他們學習，而不給思考、感想和創造的時間和機會，不變成機器了嗎？急性子的現代父母，不能不加以警惕啊！

會彈琴不會擦屁股

日本著名的兒童心理教育專家多湖輝教授，最近應邀來臺演講，講題是「幼兒全腦開發」。他舉出很多各國學者專家的實驗和研究報告，證明人類的嬰幼兒期，如果給予良好的環境，加以適當的刺激和啟發，智力可以大為提高。同時各種語言或才藝的學習，也在年齡越小的時候開始，效果越好。

他說，這理論引起了日本家長們的慌張，於是大夥兒爭相把兩三歲的小娃兒送去各種訓練班，學習鋼琴、小提琴、繪畫，或英語、游泳、舞蹈等等。尤其在小家庭養育子女重質不重量的原則下，大家都不惜學費，認為只要孩子將來能出人頭地，能比別人強一些，花再多的錢都值得，因為那是最有價值的教育投資。

問題是大家只顧開發幼兒的腦力，而忘了更重要的生活教育。因此日本社會產生奇怪的可笑現象，很多會彈琴的孩子，五六歲了還不會自己擦屁股。這些孩子閉著眼睛會彈貝多芬、莫札特的曲子，但是上完廁所卻要喊媽媽幫他們擦屁股。另外有一些天天看知性讀物，天天被灌輸知識的孩子，看到桌上有一盆美麗的鮮花，他的直覺反應不是花兒好香、好美，而是興奮地辨認，這花叫甚麼名稱，屬甚麼科、甚麼類或甚麼本，原產地甚麼地方，何時開花，可以製藥……。如數家珍地能夠道出這麼多「學問」，這樣的孩子確實絕頂聰明。然而他快樂幸福嗎？五六歲自己不會擦屁股的人類一點兒也不能幹；看到鮮花不會稱讚、欣賞的孩子，也絕不是感性的人類，這樣的「聰明」有甚麼用呢？

其實對於下一代的教育，我認為教出「能幹」而又有「感情」的一代比甚麼都重要。因為未來的社會，人口越趨高齡化，我們的國家還沒有能力全面負起扶養、照顧老人的責任，所以老人問題都得由小家庭各自擔負。有人預測，幾十年以後，每個有工作能力的成年人平均要負責照顧二、三個老人（老父母和更老的祖父母）。未來要挑重擔的「成年人」，就是目前在家庭裡最受寵愛，正在被「過分保護」下成長的一代。他們有很多是獨生子或獨生女，個個都受過腦力開發的訓練，所以可能個個都很聰明。但如果他們是會彈琴不會擦屁股的孩子，將來有能力照顧體弱多病而又行動不方便的老人嗎？如果他們是看到鮮花不會覺得花兒美的孩子，將來有愛心和同情心，體貼、孝順寂寞的老人嗎？

這問題值得大家深思吧！

讀活書從一歲開始

一名家專的學生為考試朗聲背筆記——理想廚房的條件：一、窗子要大，二、光線要好，三、要通風，四、排水好，五、地不滑，六……。

顯然她連動一下腦筋的習慣都沒有，否則這種最起碼的普通常識，即使沒有下過廚房，只要稍微想一下便能逐一列舉出來，何需花費時間死背？還朗朗念出聲音來，好像要強記頗困難似的，讀書讀得好痛苦！

這位家專女生的媽媽有事，命女兒代她煮一頓飯。女兒說：「不行耶，我們學校只教宴客的『大菜』，普通菜我不會煮！」

這是我在友人家親耳聽到的，絕不是笑話。當時我好驚訝，但仔細一想，她是現代考試教育所訓練出來的「背書機器」，當然只知道拚命記憶，而根本忘了思想，也不懂得應用。也許她在學校考測驗題可以得高分，但她的生活能力不會及格，甚至是零分。

我們身邊有太多的孩子嚷嚷著讀書好痛苦，好痛苦！家長聽了都好心疼，但也愛莫能助。大家苦思甚麼叫「讀書樂」？為甚麼我們的孩子有書可以讀，卻讀不出「樂」來呢？

專家說，要教孩子讀活書，不要讀死書，能讀活書，就能快樂。這道理你知我知，大家都知道，只是不知道要怎麼教孩子？也不知道要從甚麼時候開始教？

我想善於啟發孩子的母親，在孩子還不會說話的時候，就無形中在教孩子讀活書了。例如看到畫一張嘴的圖片，除了教他「嘴」這個名詞之外，會叫他指出媽媽的嘴、布娃娃的嘴、玩具小狗的嘴，以及寶寶自己的嘴。然後表演吃東西、說話、唱歌、打哈欠和打噴嚏等嘴巴能做的各種動作。寶寶雖然還不會說話，但是這些動作他看過，也親身經驗過，所以他能領會，由一張「嘴」的圖片，可以聯想出這麼多的事情。這就是訓練他「聯想力」，靈活他腦筋的方法。

有聯想力的孩子，不怕考試時碰到沒背熟的課文。例如常識選擇題問：從臺北到金門，坐飛機要(1)一個多小時，(2)三個多小時，(3)四個多小時。如孩子忘了課文，但他會聯想到他父親從東京飛回臺北，三個多鐘頭就到了。地圖上金門比東京近得多，所以上題的答案一定是(1)。問到金門的住民大都靠甚麼行業過活時，他的腦子裡浮現地圖上的金門島四周全是海，他毫不遲疑地在填充題上寫下「漁撈業」三個字。這孩子可能不愛背書，而且很貪玩，但他考試能得高分，他一定不會覺得讀書很痛苦。

所以父母不要苦逼孩子死背書，而應該從小培養孩子思考的習慣和豐富的聯想力。看圖畫故事書時，不要只念書上簡單的幾行字，而要引導孩子看著圖做各種聯想。例如圖上的兔寶寶玩著氣球，你問孩子那天的風從哪邊吹向哪邊？引導孩子去注意氣球牽線的倒向，這就是刺激孩子思考，培養孩子聯想力與思考習慣的最簡單方法。

時下好像頗為流行教幼兒背誦唐詩或三字經等，雖然對記憶力的訓練有幫助，但我不贊成讓幼兒為此花太多的時間和精力。因為那會失去自由幻想與聯想的機會。等死背養成習慣以後，就不知如何讀活書了，不是嗎？

暑假住鄉下去

暑假未到，性急的家長，已經在為孩子的暑假生活預做安排了。

通常大家想的是，如何利用長達一兩個月的暑假，讓孩子學點甚麼？因此滿腦子兒童作文班、繪畫班、音樂班、英語班……等等，不是學習就是訓練，大家似乎忘了，暑假是要給孩子放鬆心情玩樂的。

為此，臺視的「大家談」公視節目，最近推出了「如何減輕現代兒童的壓力」單元，讓專家們來提醒家長，不要苦逼孩子，應該給孩子更多的自由活動時間。

然而鏡頭轉向孩子，記者對幾名北市兒童做抽樣調查的時候，專家們卻意外地發現，孩子本身並不反對家長們送他們去學這學那，說那些課外的學習雖然使他們日子過得十分忙碌，但他們不覺得那是一種壓力。好像他們生來就應該這樣過日子似的，一臉的天真，談他們既要上英語班又要學鋼琴、繪畫等，神情口氣都挺得意呢！

我看著真為現代兒童感到悲哀。因為很顯然地，他們的世界正在流行上各種班、學各種東西，好像上得越多越神氣。尤其小提琴、鋼琴一類的樂器，學得起正代表家境富裕。而提早學英語，也意謂著準備提早出國當小留學生，那是普通家庭辦不到的，當然神氣呀！

本來專家們想提醒家長，除非孩子有特長或有興趣，不要苦逼孩子學太多東西。但問題好像不在家長，而在孩子本人身上，他們根本不知道自己的興趣在哪裡，而只是盲目地跟著流行，看大夥兒在流行上甚麼班，他也吵著要去。有些家境不夠富裕，為了要給孩子撐面子，還得咬緊牙根，負擔昂貴的學費吶。

也許有人覺得奇怪，天生好玩的孩子們，為甚麼會流行起「忙」來呢？這就是他們的最大悲哀，他們根本不知道玩樂的滋味，如果知道了，才沒有人願意被關在屋子裡學甚麼才藝呢。

如果我們希望孩子跟我們小時候一樣，享受自由快樂的童年，那就請給他們多安排一些戶外活動吧。能參加夏令營最好，不能參加就設計家庭旅行，帶孩子到鄉下親友家住幾天。如果方便，把孩子留在鄉下住別人家做客人，讓他們有機會投懷大自然，親身體驗無拘無束的純樸鄉村生活，將能學到很多都市生活看不到，也想不到的活知識和活學問。回家時順便邀請鄉下的小朋友到都市裡來體驗都市生活，如此互相練習做主人與客人的禮貌和應對，更是學習社會生活的最有效方法。

我常想，關心兒童的「生意人」，怎麼沒想到為都市的孩子，尋找鄉居的「招待家庭」呢？就像旅行社送大學生到國外去住洋人的家庭，也把外國學生接到國內來住中國家庭一樣，在鄉下物色可靠的家庭，讓都市孩子去住一段日子，聽聽大自然的蟲鳴鳥叫，在廣闊的野地裡奔跑嬉戲。白天曬太陽，夜裡沐月光，相信孩子會變得更活潑、開朗而健康！尤其媽媽是沒有暑假的職業婦女家庭，一定巴望孩子有這樣的好去處，不是嗎？

另一種家庭教師

提起家庭教師，一般人的觀念總認為是請到家裡來，專為孩子輔導功課的授業老師，那是應該付給酬勞的。例如一星期幾天，一次幾個小時，一個月多少錢，都有一定的行情。時間一到，家長恭恭敬敬奉上，老師也自自然然收取，誰也不用客氣。

然而有些職業婦女的家庭，往往家長未下班而孩子先放學，他們就叫孩子到同學家玩兒。孩子每天受別人家的照顧，卻好像理所當然，沒有人想到應該付出酬勞。

當然這是我們社會的觀念和習慣，一般認為教人讀書才是教育，管教孩子的日常生活，是不算一回事的。

不過叫孩子到同學家玩兒的家長，卻也不糊塗，他們總不忘探問對方家長，而盡量挑選家教好的。目的當然是希望孩子在別人家能夠受到好環境的好影響，不致沾染不好的生活習慣和不健全的思想。在這樣的選擇下被選上的家庭，那位主婦當然是被認為合格的生活教育家庭教師，為甚麼大家沒有酬勞觀念，甚至有人賴皮地連探個頭表示謝意的禮貌都忘了呢？

這就是我們的社會跟美國社會不同的地方，美國人要把孩子託寄別人家裡，是要按時計酬的。很多賦閒在家的主婦，靠著幫人看管孩子賺取外快，精神生活過得滿足而十分愉快。

我們這兒被人「賴」上的家庭主婦，剛開始的時候抱著「做做好事」的想法，照顧別人的孩子多半很熱心。但是日子久了以後，卻一個一個感到矛盾而不知如何是好。因為小孩子在別人家裡混熟了，容易忘記應有的分寸，不但亂吵亂鬧，冰箱裡的飲料也隨意取隨意喝，甚至跟主人家的孩子搶起點心或玩具來。使得當主人的主婦目瞪口呆，不知該阻止或任其自由發展下去。這時候忽然想到對方家長根本不知道，而半聲抱歉和謝意都沒有，就會憤然狠下心，採取「冷落疏離法」，逼迫孩子識相地自動離開。

這位被驅逐的孩子，如果性情外向而開朗，可能毫不在乎的轉移陣地，另找一個同學家玩兒。但如果孩子的性情內向而自尊心強，那就受不了這樣的打擊，恐怕會變得畏畏縮縮，再也不敢到同學家玩兒了。

我認為不管孩子禁不禁得起打擊，讓他們小小年紀就嘗受被人冷落疏離的滋味，是很殘忍的，而且對於孩子的人格教育，也必然有害而無益。可嘆的是很多家長並未察覺這一個問題，怎不叫人擔憂呢？

其實很多家長，一定贊成美國式的辦法，希望我們的社會也能早日養成「託兒計酬」的風氣和習慣，讓子女抬頭挺胸，正正當當走入別人家裡受照顧。而無處掙錢的純主婦，拿了人家的酬勞，自然會負起生活教育的責任，理直氣壯地管教別人的孩子。這才是民族幼苗之福，社會之福，不是嗎？

把握時間關愛你的孩子

九月已經過了一半，各級學校差不多全開學了。關心子女教育的家長，不知有沒有發現，剛開學的這段日子，您的孩子話兒特別多呢？

您快注意聽吧，他從學校帶回來很多新鮮話題，正需要有個知心朋友聽他訴說哩！

因為九月是新學年的開始，孩子們有的新入學，有的轉學，最沒有變化的也升了級，換了教室和座位。如果級任老師、課任老師或校長、教導主任等換了人，孩子的學校生活不是有很多很多新的變化嗎？對於這些新鮮事兒，孩子們當然迫不及待的等著要回家向父母報告。這時候如果您能夠擺出笑容，以認真的態度聽他報告，他便認為您是他的知心朋友；相反的，如果您擺出不耐煩的表情，愛理不理的不認真聽他講，他便覺得父母不關心他，不了解他，以後甚麼事兒都不告訴您了。

然而，要教育孩子必須先了解孩子。孩子有話不告訴您，您怎麼了解他、教育他呢？所以當孩子熱切希望您當他的聽眾的時候，千萬不要掃他的興。只要他愛講、肯講，您就有足夠的機會教育他、影響他。很多為人處世的道理，也自然能夠在日常的言談中慢慢灌輸、傳授給他呀。

尤其孩子在批評新老師時，父母更要認真細聽。因為師生感情直接影響孩子的學業，如果他討厭數學老師，他的數學一定學不好；討厭級任老師或導師，那情況就更嚴重，後果更不堪設想了。但您千萬不能指著孩子大罵他不應該，而必須不動聲色地想辦法慢慢去改變他。有的家長不會罵孩子，而會跟著孩子大罵老師，甚至使出本領，給孩子來個轉學轉班。這不但會造成孩子的依恃心理，也容易養成逃避的習慣。不過，假使真正遇上不夠理想的老師，當然得想辦法請家教或加強課外輔導來加以彌補。但必須記住的是絕對不能在孩子面前罵老師，因為孩子心裡不尊敬老師，會變得甚麼都不想學，那不是白上學嗎？提示孩子欣賞老師的優點，才是真正懂得教育的好家長。

如果您的孩子是新入學的新生，對於新環境、新朋友和新課程，必定有適應上的惶恐和不安。這時候最需要家長的關懷和鼓勵。為此我常常提醒忙碌的家長們，不能為「忙」而疏忽了這段最重要的時間。我們都知道好的開始是成功的一半，細心觀察孩子，在這「剛開始」的重要關頭，有沒有甚麼挫折或障礙？如果有，趕快幫他克服，幫他解決。否則孩子一旦失去了信心，那就很難對學習有興趣了。

為了孩子的教育，暫時撇開忙碌的工作或應酬，都是值得的。因為未來小家庭的幸福，決定在子女教育的成敗。不管您的孩子是新入學、新轉學，或只是升級，現在正是你最需要關懷他的時候。也不管您的孩子是幼稚園生、小學生、中學生或是大學生，他們都站在一個新的起步點，正等著您的加油和喝采。有在學子女的家庭，應該說「一年之計在於秋」，但願大家不忘把握每個重要的秋天！

為孩子選書原則

每年暑假，總有人找我為兒童開書單，要我推薦一些優良兒童讀物，給家長們做買書的參考。

每次我都很困擾。因為我的孩子早已經長大成人，我這當媽媽的不必為孩子選購兒童讀物，也就很少有機會接觸、留意這方面的書評和出版物了。不過我還是忍不住倚老賣老，喜歡告訴朋友，過去我為孩子選購暑假讀物時的一些原則。

我說暑假很長，孩子閱讀課外讀物的時間多而密集，正是矯正讀物偏食的好機會。我多半針對孩子各自不同的個性和偏好，給與不同類別和內容的讀物。

我家大丫頭小時候好動、好奇，喜歡玩實驗遊戲，但缺乏耐性，做事有頭無尾，精神不容易集中，我盡量給她挑選富於故事性而情節吸引人的長篇世界兒童文學名著，或少年偵探小說，讓她去著迷，去訓練自己把精神集中到一件事情上面——一口氣把一本厚書全部看完。

二丫頭從小好靜、膽小，喜歡一個人沉醉在美好的幻境裡，安安靜靜畫出美麗的彩色想像畫。如果讓她自己選擇讀物，她會選插圖美麗、文詞優美的圖畫故事書，以及公主、王子一類，幸福而充滿溫馨的童話故事。我當然鼓勵她，盡量滿足她，但我不能任她一味地「偏食」，所以刻意引導她也看看勇敢的冒險故事，來激發她的精神活力，想辦法使她變得好動、活潑些。一方面也注意擴展她的求知領域，使她對知識性和自然科學方面的讀物也發生興趣。

老三是男孩子，喜歡自然科學方面的知識性讀物，也喜歡看慘烈的戰爭故事和偉人傳記一類的奮鬥故事。這種讀物足夠培養他的理性和鬥志，但我擔心他的人格形成會過分剛烈，所以盡量引導他欣賞抒情的詩歌、散文，以及富於情感的文學作品，我努力培養他的感性。

我一向把兒童讀物當成孩子成長中不可或缺的精神糧食，所以特別注意營養的平均攝取。除了注意他們的求知方向不要走偏之外，也常利用讀物平衡他們的情緒。例如考試失敗，感到傷心難過的時候，我鼓勵他們看笑話或有趣的漫畫書。如果發現孩子為繁重的功課和考試壓力而顯得煩躁、緊張，那更應該提供趣味性高的讀物，盡量放鬆他們的心情，而不要以嚴肅的勵志讀物來刺激他們；相反的，如果孩子顯得散散漫漫，或成天只顧調皮搗蛋，那就要抓他們坐下來，好好看看偉人的奮鬥史了。

我認為真正了解孩子的莫過於父母，每個孩子的需要不一樣，甚麼樣的孩子需要多看什麼樣的書，以及甚麼時候適合看哪一類書，只有父母最清楚，所以書單應由父母自己開。問題是到了書店，同一類別同一深度的兒童讀物太多太多，應該選購哪一本呢？我建議書店的經營者，能夠像百貨店的售貨員一樣，熟悉自己店裡賣的貨色，中肯地說出每一本書的摘要和優點，使購買者很方便地比較、考慮和做決定，否則家長會開書單也不會買書呢！

金錢買不到的快樂

「丁阿姨，看你成天笑哈哈，為什麼這樣快樂呢？」一位可愛的小姐不時地這樣問我。

「因為小時候不快樂，現在不加倍的快樂，怎麼補回來呢？」我笑著回答。

「我不信，我看你是天生的樂觀，不像小時候吃過苦的人。」她肯定地說。

不錯，很多朋友不相信我有不如意的童年；但相反的，看過我童年的長輩，也沒人相信我長大後會變得開朗而樂觀。

我生在十個兄弟姊妹的家庭裡，排行老四。上面的兄姊樣樣都行，而下面的弟妹們也個個聰明伶俐，唯獨夾在中間的我，是個既笨又醜且愛哭的醜小鴨。母親總是想辦法要把我藏起來，她不希望別人知道她有一個十分不可愛的女兒。

為甚麼我那麼差勁？好像沒有人知道。但我知道自己投錯了胎，如果不是生在兄弟姊妹個個都強的家庭裡，我可能是個既愛唱歌又愛笑的快樂小雲雀呢！

事實證明我的想法沒錯，因為上了小學以後，我有機會走出家庭，去跟同年齡的小朋友比，結果比出自己的能力並不比別人差勁，因而建立了對自己的信心。加上老師的鼓勵和同學們的肯定，升上二年級時我當選了神氣的班長。從此我的個性一百八十度的改變，再也不憂鬱、不愛哭了。

然而回到個個都是班長的家庭裡，我仍然神氣不起來。因為幾個不懂兒童心理的大人，常常不經意地當著我的面，向家母說：「你這孩子怎麼長得跟你其他的孩子不像呢？」我知道他們嫌我醜，而小女生很在意自己美不美，他們的話害得我整個童年不快樂！

後來我到台北念書，遠離家庭過了三年的住校生活，這才真正肯定自己，而變得開朗愉快了。

婚後有了孩子，我特別留意孩子的心理平衡和精神上的滿足。我看他們快樂，自己也快樂，我們互相感染，一家人成天笑哈哈！

現在孩子已經長大，結婚的結婚，出國的出國，我怕寂寞會帶給我不快樂，因此我設法讓自己忙。我每天忙看書，忙爬格子，但我不忘不過分要求自己，我只做我能力所及的事，因此生活裡沒有挫敗，我的日子當然過得滿足愉快。

兒童節看到很多父母，帶著孩子上糕餅店和玩具店，用盡心思想買「快樂」送孩子，我不禁想起自己的童年。因為也忍不住想告訴天下父母，請仔細觀察，用心去了解你的孩子吧，也許他們需要你給的並不是金錢能買得到的快樂，而是要你說話不傷孩子的自尊。如果孩子的學業成績不好，也許他在其他方面會有很好的表現。讓他們肯定自己，滿意自己。不滿意自己，怎麼可能快樂呢？

偶爾一次豪華旅行

暑假漫長，孩子們在家裡待久了，恐怕已經開始覺得無所事事而十分無聊。我想起我家孩子還小的時候，每年暑假我們都要來一次家庭的豪華旅行。因為平日爸爸太忙，沒時間陪孩子盡情地玩兒，老爸擔心以後孩子長大，在他們的回憶裡，只有忙碌爸爸的印象而沒有可敬可愛爸爸的身影，因此他採取「偶爾一次壯舉」的方式，有機會帶孩子出去玩兒就玩個痛痛快快，讓他們留下深刻的印象，成為永生難忘的快樂童年回憶。

例如一二十年前要看白雪溜冰團表演時，買票一定買較貴的前面座位；如果要坐火車出外旅行，一定坐有劃位的快車而不擠普通車；要住旅館當然要住比自己家漂亮舒適的才有意思。儘管我們平日生活很節儉，但一旦出門，花錢就大大方方。我們認為儲蓄就是為了買快樂，我們花得一點兒也不心疼。

當然我所謂的「大方」，是拿我們自己家的標準來說的，如果以有錢人的眼光來看，一定笑我們「小兒科」，但我們一個領薪階級的家庭，能帶孩子出去旅行兩三天，已經算是十分豪華的了。

每次我們要有「壯舉」的時候，好幾天前一家人就好興奮了。有一次我們計畫到澎湖旅行，沒坐過飛機的孩子提議要坐飛機，於是我們決定去時坐飛機，回程坐輪船。孩子亮起眼睛說，想想看，坐計程車到機場（當時住臺中市），然後坐飛機到澎湖，在澎湖坐遊覽車參觀，回來時坐輪船到高雄，再由高雄坐火車回臺中，一趟旅行把國內所有的重要交通工具都坐遍了！

那次我們真的玩得好開心，孩子記得的是「快樂」，而我記得的是給他們的「隨機教育」。因為一趟旅行，能在無形中給孩子灌輸的生活教育，實在太多太多了。

從出發前的準備來說吧，我叫他們各自準備自己的衣物，自己裝自己的旅行袋。當時最小的才小學二三年級，有點迷惑地不知從何著手。他的大姊說，先假設一下，從出門到回來，循著預定行程和活動項目，想想需要用到甚麼東西，想到一樣裝一樣，快去裝呀！

我聽著好高興，那不是我曾經教過她的嗎？現在她會老練地教弟弟了。我認為這樣的思考方式，是訓練一個人辦事能力的最有效方法。有一句誇讚人的話說「設想周到」，就是指會做完美的事先準備工作。這樣辦起事來當然有條不紊，凡事容易成功，而不容易失敗，不是嗎？

結果三個孩子的行李裝得很完備，大姊想到走海灘沙地要穿橡膠拖鞋，弟弟想應該帶飛盤去玩兒，二姊說要帶塑膠袋裝貝殼。至於要帶的衣物，換洗的內衣褲不用說，需要幾套他們也算得很仔細。他們甚至準備旅行袋、海灘裝、訪問裝等，按著預定行程表，自己決定甚麼時候換穿哪一件衣服，設想可真周到呢。

路上他們的所見所聞都是新鮮的常識教材，我們夫婦對風景、人物的稱讚或批評，每一句話都會在無形中造成對子女的觀念教育，例如我們稱讚某一建築物美，三個孩子的眼睛就自然比較起附近的建築物；我們批評某一涼亭太俗氣，三個孩子自然了解甚麼叫破壞自然景觀。孩子的審美觀就是這樣一點一滴培養出來的呀。對於路人的穿著及行動舉止的批評，更是挺自然的間接教育。讓他們看看別人想想自己，要比直接的說教或指點，緩和而有效得多。

我覺得最可愛的是孩子乘機要應用他們平日聽來的常識。例如住高級飯店，不可穿睡衣出房門一步，也不可穿拖鞋到樓下大廳或餐廳這一類的常識；他們為了要證明自己不是土包子，想盡辦法找藉口要「表演」。明明沒事，卻說要到大廳去看雜誌，而不厭其煩地正式穿鞋襪；明明已經上床了，卻說要到隔壁房間找弟弟拿一樣東西（一家五口常常要住兩個房間才夠），而不怕麻煩地脫掉睡衣換穿正裝……。晚餐有親戚要在大廳請我們吃飯，他們興奮地做夜宴的打扮，互相叮嚀不可穿海灘裝或運動裝，模樣兒活像小淑女和小紳士。

另一項隨機教育是讓他們當會計，把一路所花的錢記下來。他們好認真，每次看爸爸付完帳，就忙著問這一頓飯吃了多少錢，住這一夜繳了多少旅館費等，坐飛機、輪船的票錢他們當然不會漏記，連坐一趟計程車或打一次公共電話，他們都隨手記下來。回程在火車上一統計，三個孩子同聲驚呼起來。因為出發前我們開過家庭會議，決議全部旅費的百分之十要三個孩子分擔，他們算一算，一個人要出好幾百元，有限的儲蓄幾乎要全部拿出來了。我雖然知道他們心疼，但這正是教育，教他們會存錢也會花錢，存錢的目的就是要有意義地花用啊。

回家後我不客氣地向他們收錢，他們一邊付錢一邊喊我們要節儉一點。於是自動關掉冷氣，說吹電扇就好了；打開冰箱找不到飲料，也說不用買汽水，以後喝冰開水就好了；弟弟更自動說，下次他過生日不要買大蛋糕，買個特小號的意思意思就好了。……

我聽著心中竊喜，慶幸我們一次豪華旅行收益實在太多太多。因此很想推薦朋友們，暑假裡一家之主如果能夠請幾天休假，應該來一次豪華旅行，只要能掌握隨機教育，那該是暑假最有價值也最有意義的一項活動，不是嗎？

我是個調皮媽媽

「媽媽好壞！」我家三個孩子常常嘟著嘴這樣罵我。因為我喜歡捉弄他們。他們告訴同學們說：「我媽好皮！」

本來嘛，他們不聽話，我何需發脾氣？動腦筋施個小計，讓他們自己去生自己的氣，我不是落得輕鬆嗎？

女兒大學都畢業了，有時還偷懶不清掃自己的房間。我不愛嘮叨，卻不聲不響，在她蒙一層灰的矮櫃上，用手指頭給她寫了「髒豬」兩字。她從外面回來，看到了，馬上噘起嘴，偷罵一聲「媽好壞！」迫不及待地抓起抹布，把整個房間抹擦乾淨了。

施計訓練孩子自動

兒子已經上大學了，卻還要依賴媽媽喊他起床。他說鬧鐘不管用，他會反射性地關掉它，還是阿娘最可靠了。他很聰明地在臥房門把上掛出一個「×點起床」的紙牌，便高枕無憂地睡了。我暗中一笑，調好鬧鐘的時間，等他睡著了才偷偷潛入他的房間，把鬧鐘遠放在他伸手搆不著的地方。第二天早上，只聽得他在房間裡跳腳，偷罵著「媽好壞！」他的睡神被氣跑，也就準時起床了。如果我不施小計，一大早生氣的不是他，而是我，因為他很會賴床，恐怕要我三番五次地喊得發脾氣，才能把他喊下床呢。

每次聽到孩子偷罵我「媽好壞！」，我心裡好得意，因為他們還不會「罵」的時候，我就不時地捉弄他們了。

當然他們不知道，在嬰幼兒時期，媽媽是怎樣捉弄他們的。現在就讓我來告訴他們，也告訴大家吧！

幫助孩子成長

「糖糖，糖糖。」正在學話和學步的娃兒急著要吃我手裡拿的糖。「來，來拿呀！」我一步又一步地往後退，娃兒不知不覺地一步跟著一步向前邁進。「好棒喔！寶寶會放開手自己走路了！」我把娃兒舉到半空中。

「媽，我要吃餅乾。」三歲娃兒肚子餓了。「好，先拿一個，再拿兩個，再加一個。」四片餅乾讓孩子分三次拿。「一共幾個？」「一二三四，四個。」「哇！寶寶好聰明！」我摸了娃兒四下頭。

「媽，幫我拿下掛在樹上的紙飛機。」「怎麼拿？」「爬上去。」「媽不敢。」「用竹竿！」五歲娃兒好高興，因為他想出好方法，他認為自己好聰明！

孩子上小學了，他寫完算術課題，「媽，幫我檢查一下，看有沒有錯。」

「有，有一題錯了。」「那一題？」「自己找呀！」

「討——厭！」孩子噘起嘴。但我不能不捉弄他，因為考試的時候，我不能跟著去幫他找出錯的呀！「媽，蒼天的蒼，有沒有草字頭？」我不聲不響，丟給他一本字典。

「討——厭！捨不得告訴人家一聲。」孩子噘著嘴查字典。他雖然不高興，但自己動手查過的字印象深刻，他永遠不會忘記這個字。

「媽，暑假帶我們去臺北旅行好不好？」「好，你們自己計畫。」我給上國中的孩子一冊火車時刻表和一張臺北市街圖，要他們姊弟擬定旅程表，並列出旅費預算來。

很多事，我不告訴他們怎麼做，也不代他們做。我要他們自己思考，自己拿主意，因為他們已經長大了呀！

前年母親節，中華日報邀我二女兒寫一篇「談母親」，她把我形容得像個老頑童。我擔心孩子會嫌我「幼稚病」，他們卻說，我是他們心目中的大朋友呢！

被孩子捉弄的糗事

調皮媽媽捉弄孩子雖然快樂而有趣，但也有被孩子捉弄的時候。因為調皮媽媽調教出來的孩子自然調皮。

記得二十多年前，我患過一次皮膚過敏症，醫生開給我的藥雖然很有效，但整天昏昏沉沉一直想睡覺。有一天，五歲的大丫頭跟四歲的妹妹看見媽咪睡得像死了一樣，忽然靈機一動，把我當「睡美人」，認真地給我化起妝來。不但脂粉塗滿一臉，還畫了兩道粗黑的豎眉，兩片腮紅活像貼了兩片紅紙，口紅當然是塗出唇外，像極了剛吃過人的大妖怪。她們這樣還不滿意，連頭髮也要給我梳出樣子來。那陣子她們剛學會三股線打成一條辮子的方法，於是給我的三千煩惱絲打成了上百條的細辮子。她們玩得正開心，突然聽到有人按門鈴，慌慌張張地搖醒我說：「媽，有人來！」

我猛然一醒，跳下床就去開門。門開時，我丈夫的二哥活像白天見了鬼一樣地瞪大眼睛，一步一步往後退：「你，你……」嚇得連話都說不出來了。

「我？」我反問著，摸了一下臉，這才想起剛剛昏睡中，好像女兒畫著我的臉。於是一轉身奔進浴室，照到鏡子的那一瞬間，我自己也差點兒嚇昏了。

我不記得有沒有打孩子的手心，也不記得怎麼向人家解釋的，只記得孩子的二伯說，他準備跑去找我丈夫來，要送我去精神病院呢！

所以，當調皮媽媽得小心喔，否則像我這樣的糗事，多丟人哪！

長遠的路

我家三個孩子，上面兩個女兒已經讀完研究所，最小的兒子也快升大四了。他們從小被「考」到大，朋友們認為我是識途老馬，每年到了考季，總有人問我有關子女走升學之路的種種。

朋友們喜歡問我，怎麼「教」的？為甚麼三個孩子每次都能順利通過入學考試，進入人人羨慕的第一志願學校？

我說走長遠的路要有長遠的計畫，孩子剛生下來，我便開始為他們未來要走的升學之路，做著種種的思慮了。

愚夫婦想，我們一個領薪階級的家庭，唯一能夠給孩子的「財產」，就是給他們受更高更好的教育。偏偏他們生在升學競爭激烈的年代，我們也只好硬著頭皮，引導孩子去苦拼了。

首先我想到學前教育的重要，幼兒在三歲以前如果加以啟發和訓練，不但智力能提高，頭腦也會變得更靈活。那是將來肯不肯讀書和會不會讀活書的根本，我怎麼能不重視呢？而人格的塑造和健全思想觀念的確立，決定他們日後會不會變成一個受歡迎的人。我希望他們以後書讀得好，就得讓他們在學校裡成為一個受歡迎的人，孩子喜歡學校生活，才會愛讀書，書也才會讀好。學前教育是人生的重要起步點，我不放心假手他人來「培育」他們，因此毅然決然辭去了教職工作，認真做起「專業媽媽」來。

那時候我們還沒有自己的房子，為了孩子的教育，想住哪兒就搬哪兒住。我們想，要給孩子健康的成長環境和快樂童年，最好是住鄉下。剛好年邁的婆婆也希望我們的小家庭能夠搬回家鄉跟她住幾年，因此一家之主毫不遲疑地向服務機構申請調職，調回家鄉，在中部一個小鎮住下來。

三個幼小的孩子，在空氣新鮮的鄉間很快地健康成長。因為屋前屋後有庭院和廣場，足夠他們自由奔跑，互相追逐嬉戲，鄰居們的開放式門戶，更可以讓他們隨時串門子去找遊伴。每次我看著他們的快樂身影，便在心裡歉然告訴他們，盡情地玩樂吧，再過幾年，你們就得到都市去加入慘烈的升學競爭，開始過那暗無天日的惡補生活了。

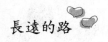

我們算好，老大要升小學五年級，老二升四年級的那年夏天，我們應該搬到都市去住。因為當時的社會情勢，要孩子考好高中，就得讓孩子讀升學率較高的私立初中。不過有名的私立初中非常難考，所以小學裡的惡補風氣十分興盛。雖然我不忍心孩子小小年紀就要接受那摧殘身心的惡補，但那是整個社會的偏差。大勢所趨，我們不跟著時潮走，我們的孩子就上不了好高中和好大學。想想，誰有勇氣抗拒，誰甘心做這樣的犧牲呢？

幸好我們的孩子在鄉下養好了健壯的身體，學業上也有足夠的信心可以接受惡補生活的挑戰了。當時的級任老師和校長，看我們的孩子在鄉下小學成績優異，建議我們讓孩子轉學到程度較高的師專附小或私立小學。但外子不放心，他怕鄉下孩子驟然到都市，適應新環境都來不及，過重的課業負擔和激烈的學業競爭，一定叫孩子無法消受，搞不好失去信心，以後要挽回就困難了。因此採取較保險的對策，讓孩子轉學住家附近一所普普通通的小學。那一學區的學生素質和程度，跟鄉下小學相差不很大，所以孩子轉學以後，很快地安然適應。

次年么兒要上幼稚園，熱心的親友們都建議我，應該去考有名的明星幼稚園。但我考慮幾家明星幼稚園都離我們家太遠，第一次離開母親的幼兒，到太遠的生疏環境，一定會為了缺乏安全感，而沒有心思學習團體生活。因此決定先讓他在住家巷口的迷你幼稚園上半年，再考插班上較遠較好的明星幼稚園。結果證明我的「設計」沒有錯，么兒的第一步升學之路踏得很穩健，以後考師專附小（入學要考試），以及讀私中和考高中、大學，每一關都順順利利的通過。

每次我跟朋友們談起孩子的升學，我就強調信心最重要。我常想，當初兩個女兒由鄉下轉到都市小學時，如果決定錯誤，她們可能失去信心，那就沒有以後的一帆風順。而么兒上幼稚園的第一步如果踏錯，也可能沒機會當小領袖培養信心，他往後的升學之路，恐怕也不會走得那麼輕鬆吧。

另一次重要的決定，是孩子考大學時的科系選擇。記得兩個女兒升高三要決定讀自然組或社會組時，還迷迷糊糊，不知道自己的性向適合讀甚麼。不過她們從小信任父母，而我們夫婦也自信相當了解孩子，所以冷靜客觀地幫她們分析，讓她們認識自己，而決定了老大適合讀自然組，老二適合社會組。然後針對兩組的每一科系做未來職業的探討，我們考慮的是職業市場的需求，以及未來社會發展的趨勢。加上孩子的性向，認為大女兒最好能以心理學系為第一志願，而二女兒適合選擇讀法律系。不料到學校交出志願表的時候，卻遭到同學們的嘲笑，大家認為她們太傻，為甚麼不把丙組最難考的醫學系和丁組最多人志願的國貿系列為第一志願，如果分數可以達到最熱門的那一學系錄取標準，不是白丟機會吃大虧嗎？二女兒甚至動搖起來，幸好爸爸有說服力，她才接受了適合性向最要緊的觀點，堅定信心確立了未來人生的走向。

么兒偏愛理科的性向從小就很明顯，讀高二時生物一科成績特別好，我們建議他學醫，但他不喜歡行醫生涯，而有志於電腦科學的研究，因此選擇了資訊系。

三個孩子如願考上了他們想讀的學校和科系，大學生活過得很充實而滿足。每次看到同學們為要不要轉系而徬徨，他們就欣慰地表示對父母的感謝，說我們為他們選對了努力目標，相信以後必定學能致用，過愉快的人生！

現在大女兒已經結婚，跟學醫的夫婿所學相近，兩人十分合得來。她把心理學直接應用到養育幼兒的工作上，更是得心應手，當媽媽當得很開心。二女兒留學美國剛回來，工作機會多得足夠她精挑細選。么兒對未來電腦業的發展，也充滿著希望，三個孩子都滿意父母長久以來給他們所做的一切安排和指引，不時地誇我們有遠見，說我們把眼光放得好遠好遠！

Memo

國家圖書館出版品預行編目資料

做個內行媽媽／嶺月著. -- 二版. -- 臺北市：大地, 2003〔民92〕
面； 公分-- （教育叢書；6）

ISBN 957-8290-81-0（平裝）
1. 親職教育 2. 兒童心理學
528.21 92006330

教育叢書 06

做個內行媽媽

作　　者：嶺月
創 辦 人：姚宜瑛
發 行 人：吳錫清
美術編輯：普林特斯資訊有限公司
出 版 者：大地出版社
社　　址：台北市內湖區內湖路2段103巷104號1樓
劃撥帳號：0019252－9（戶名：大地出版社）
電　　話：(02)2627－7749
傳　　真：(02)2627－0895
E-mail：vastplai@ms45.hinet.net
印 刷 者：久裕印刷股份有限公司
二版一刷：2003年5月
定　　價：200元

地 大地 大地 大地 大地 大地 大地 大地 大地

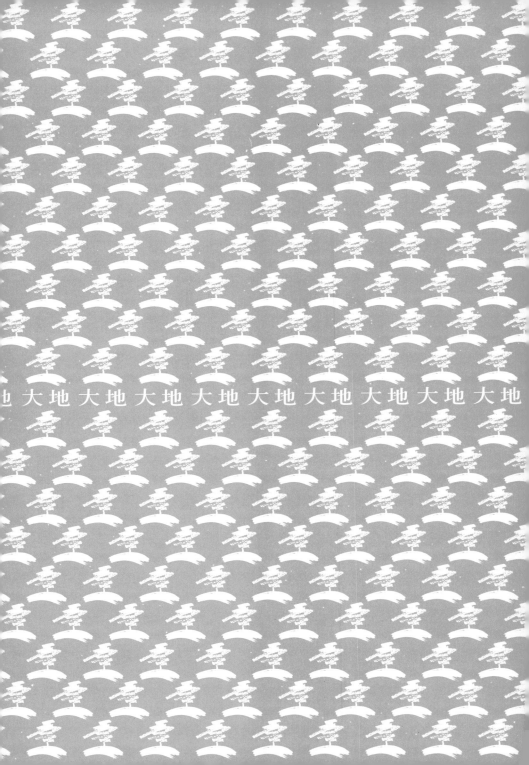